माइक्रोवेव

आसान कुकिंग, लुभावनी डिशें

मूल लेखिका

प्रभजोत मुनधीर

हिन्दी रूपान्तरण

डॉ. नीरजा श्रीवास्तव 'नीरू'

यूनीकॉर्न बुक्स

प्रकाशक
यूनीकॉर्न बुक्स

F-2/16, अंसारी रोड, दरियागंज, नई दिल्ली-110002
☎ 23275434, 23262683 • Fax: 011-23257790
E-mail: info@unicornbooks.in • *Website:* www.unicornbooks.in

शाखा : मुम्बई
23-25, जाओबा वाड़ी, ठाकुरद्वार, मुम्बई-400002
☎ 022-22010941, 022-22053387
E-mail: rapidex@bom5.vsnl.net.in

➤ **पी.एम., पब्लिकेशन्स**, दिल्ली
10-बी, नेताजी सुभाष मार्ग, दरियागंज, नई दिल्ली-110002
6686, खारी बावली, दिल्ली-110006

ISBN: 978-81-7806-278-5

माइक्रोवेव आसान कुकिंग, लुभावनी डिशें

संस्करण : 2013

मुद्रकः यूनिक कलर कार्टन, मायापुरी, नई दिल्ली-110064

अनुक्रम

प्राक्कथन

'माइक्रोवेव : आसान कुकिंग, लुभावनी डिशें' यह पुस्तक खासकर माइक्रोवेव कुकिंग को सहज बनाने के उद्देश्य से लिखी गयी है, जिससे आप माइक्रोवेव से अपने किचन में पूरा लाभ उठाने के बारे में भरपूर जानकारी प्राप्त कर सकेंगे। परिणामस्वरूप आप सरलता से कम समय में पौष्टिकता व प्राकृतिक रंगों को नष्ट किये बिना सुस्वादु और स्वास्थ्यवर्धक लुभावनी डिशेज़ तैयार कर सकते हैं। माइक्रोवेव की सबसे अच्छी बात यह है कि आप इसमें तेल, घी अपनी सेहत और जरूरत के अनुसार इस्तेमाल कर सकते हैं।

यदि आप पहली बार माइक्रोवेव कुकिंग करने जा रहे हैं, तो इसके लिए जरूरी बेस, सॉसेज़ और उनकी ड्रेसिंग भी बतायी जा रही है। आपके ब्रेकफास्ट, लंच और डिनर के लिए यहाँ बहुत सारी डिशें दी गयी हैं, जिससे आप पूरे दिन का चार्ट बना सकते हैं कि कब कौन-सा व्यंजन तैयार करना है। विशेष अवसरों के लिए विशेष डिशें पेश की गयी हैं। सारी डिशें विधिवत् बनाकर जाँची परखी गयी हैं। अगर विधि-निर्देश के अनुसार चलते जायेंगे, तो आप जरूर सही परिणाम पायेंगे। पहली बार थोड़ा अन्तर हो सकता है, क्योंकि प्रत्येक माइक्रोवेव कम्पनी ब्राण्ड के मोड सेटिंग में अन्तर हो सकता है, लेकिन जब एक बार आप अपने माइक्रोवेव को समझ लेंगे, तो आप में माइक्रो कुकिंग की परिपक्वता की कला अपने आप आ जायेगी, क्योंकि सामग्री का सन्तुलन और तापमान का नियन्त्रण ही तो कुकिंग है, चाहे वह माइक्रो कुकिंग ही क्यों न हो।

बहुत अधिक मात्रा में खाना लगातार माइक्रोवेव नहीं किया जा सकता है, इसलिए अगर 10-15 लोगों का खाना तैयार करना है, तो कुछ चीजें पहले से तैयार कर लेनी होंगी ताकि समय से ब्रेकफास्ट/लंच या डिनर में पेश की जा सकें, जैसे- डेजर्ट के लिए पुडिंग, केक, स्नैक्स के लिए कोफ्ते, करी, बेसिक सॉसेज और ड्रेसिंग्स। चावल, पास्ता और सब्जियाँ पहले से उबाले जा सकते हैं। अगर यह सब तैयार है, तो खाना परोसने से 10-15 मिनट पहले आप अपनी कुकिंग का काम खत्म कर सकते हैं।

सबसे पहले आपको चाहिए कि आप निश्चित कर लें कि आप इण्डियन कॉण्टिनेण्टल, चायनीज अथवा इटैलियन, कौन-सा खाना बनाने जा रहे हैं। फिर उसके मुख्य भोजन की 'रेसिपीज' में से चुन लें कि आपको क्या-क्या बनाना है, उसके बाद स्टार्टर सूप सैलेड का चुनाव करें और अन्त में डेज़र्ट चुन लें। सगय का सही अन्दाजा कर लें और अपना कार्यक्रम उसके अनुसार बना लें कि पहले क्या कर सकते हैं और बाद में क्या? फिर सावधानी से कार्य को अंजाम देने में जुट जायें।

इस पुस्तक में नये और पारम्परिक 'वेज' - 'नॉनवेज' भारतीय, काण्टिनेण्टल, चायनीज़, इटैलियन विविध 'क्यूज़ीन' की माइक्रोवेव रेसिपीज़ दी गयी हैं, जिससे समय की बचत करने वाली इस माइक्रोवेव तकनीक (विधि) का आप भलीभाँति उपयोग कर विभिन्न स्वादिष्ट व्यंजनों को बनायें, खायें और खिलायें। एक बार जब माइक्रो कुकिंग आ जायेगी, तो आप अपनी सूझ-बूझ से नये-नये स्वादिष्ट व्यंजनों का आविष्कार कर अपने घर-परिवार और प्रियजनों को खिलाकर आनन्दित कर सकते हैं। लज़ीज़ खिलायें और अज़ीज़ बने।

माइक्रोवेव कुकिंग, अकेले रहने वाले वयस्क बच्चे, कामकाजी पुरुष-महिलाओं तथा अवकाश प्राप्त लोगों के लिए विशेष उपयोगी है।

❖❖❖

माइक्रोवेव के बारे में कुछ विशेष जानकारी

माइक्रोवेव एनर्जी थोड़ी अलग लगती है, किन्तु वह दूसरी कुकिंग एनर्जी जैसी ही भोजन पकाती है। इसमें बिजली द्वारा रेडियेशन या एलेक्ट्रोमैगनेटिक तरंगे- 'माइक्रोवेव' पैदा होती हैं और जब वह खाने में प्रवेश पाती हैं, तो उसकी नमी (पानी) ताप में बदल जाती है और खाना पकने लगता है। केवल यहीं फ़र्क है। पानी से अधिक चीनी, वसा और नमक अच्छे माइक्रोवेव एब्जार्वर हैं। इसलिए इनके साथ खाना जल्दी पक जाता है। इसी तरह 'मेरिनेटेड' मीट अथवा सब्जियाँ जल्दी पक जाती हैं। यह सब समझना बहुत आवश्यक है। कुछ अन्य बातें भी, जिनका ध्यान रखना बेहद ज़रूरी है–

- पकाने अथवा गरम करने के लिए निर्धारित समय की सतर्कता बहुत आवश्यक है। खाना ज़्यादा पकने से सख्त और बेस्वाद हो जायेगा। कम पका खाना आप अपने सन्तुष्टि के अनुसार फिर से पका सकते हैं।
- माइक्रो करने के बाद अपने निर्धारित समय में बहुत-सी डिशें पूरी तैयार हो जाती हैं, परन्तु पेस्ट्री आदि जैसी डिशों को ठीक-ठीक दिखने के लिए बाहर निकलने के बाद भी थोड़ा समय देना होगा।
- माइक्रोवेव में कवर/ढक्कन गरमी और नमी दोनों को रखते हुए खाने को सूखने से बचाता है और जल्दी भी पकाता है। जितना 'टाइट' कवर होगा, खाना उतना ही जल्दी पकेगा। ग्लास का ढक्कन या प्लास्टिक कवर रैप जैसे क्लिंग फिल्म इसके लिए बेहतरीन हैं। जरूरत के हिसाब से डिश को कवर करें। ग्रेवी सूप को गरम करने के लिए भी कवर कर सकते हैं। पिज्जा, बर्गर, पैटी वगैरह ढीले पेपर, नैपकीन में कवर कर डिश में नीचे रखे जा सकते हैं। उचित कवरिंग से माइक्रोवेव में इन्हें ऐसे ही गरम कर सकते हैं।
- पकी हुई सूखी सब्जियाँ फ्रिज से निकालकर गरम करने के लिए फैलाकर ढक कर रखनी चाहिए।
- सूखी सब्जियाँ, इटली, डोसा, चावल आदि पानी के कुछ छीटें डालकर गरम किये जा सकते हैं। डिश के लिए उपर्युक्त पानी/ग्रेवी अथवा दूध थोड़ी मात्रा में डालकर गरम किया जा सकता है।
- माइक्रोवेव में कोई चीज पहले बाहरी परत में पकती है फिर अन्दर अथवा बीच में। यह हम करी-ग्रेवी बनाते समय आसानी से देख सकते हैं। इसलिए जैसे चिकन आदि में लेग पीस का मोटा भाग बाहर की ओर रखते हैं, जिससे सब बराबर से पक जाये और इसीलिए गरम करते समय तरी को चला लेना जरूरी है, जिससे बराबर गरम हो सके।
- आगे-पीछे कर उनकी जगह बदलने, उन्हें उलट-पलट कर पकाने से सभी को बराबर हीट मिल जाती है और सभी समान रूप से एक साथ तैयार हो जाते हैं। जैसे- कटलेट, फिश फ्राई इत्यादि। क्योंकि सतह पर खाने का तरल पदार्थ खाने को जल्दी पका देता है।

पारम्परिक पाक शैली में हम अक्सर भोजन की पौष्टिकता खो देते हैं, जबकि माइक्रोवेव में पकी सब्जियाँ अपने ही जूस में पकी होने के कारण पौष्टिक और स्वादिष्ट होती हैं। इसलिए बेहिचक शुरू हो जाइए और विभिन्न डिशें बना-बना कर घर-परिवार को खुश कीजिए। बस थोड़ी सूझ-बूझ की जरूरत है। पर अभ्यास करने से ही निपुणता आती है।

❖❖❖

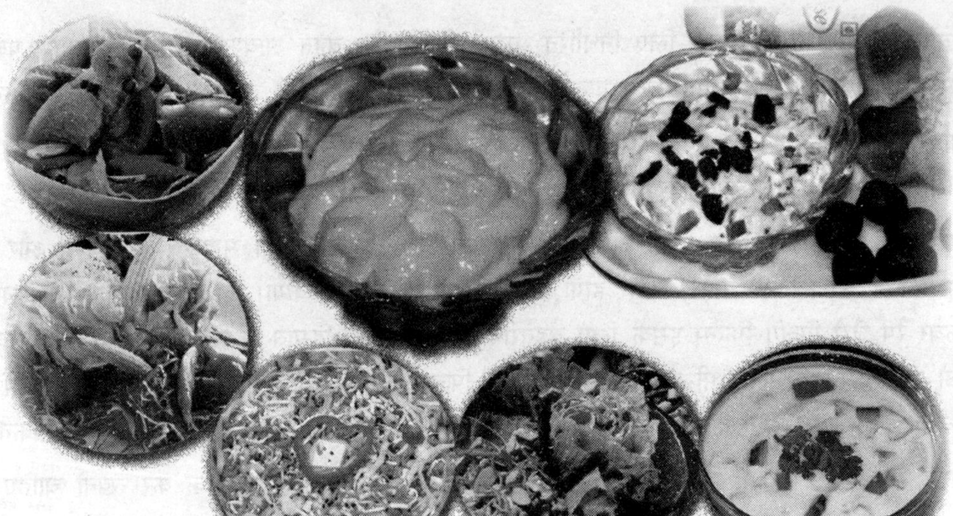

माइक्रोवेव और उसके विभिन्न प्रकार

आजकल अनेक प्रकार के माइक्रोवेव बाजारों में देखने को मिलते हैं। जैसे- माइक्रोवेव बिना कन्वेक्शन मोड के, माइक्रोवेव ओवन कन्वेक्शन और ग्रिल के साथ, माइक्रोवेव के साथ ओवन तथा माइक्रोवेव के साथ ग्रिल की सुविधा।

1. माइक्रोवेव ग्रिल और कन्वेक्शन मोड के बिना

यह मॉडल डिफ्रास्टिंग (बर्फ पिघलाने) और थॉविंग (ढीला करने) के लिए बहुत अच्छा है। इसमें फ्रिज से निकालकर चीज़े सीधे गरम की जा सकती हैं। सब्जियाँ उबाली जा सकती हैं। सब्ज़ियाँ और फल स्ट्यू किये जा सकते हैं। चाय या कॉफी बनाने के लिए भी यह उपयोगी है। मीट, पुलाव व डेज़र्ट सभी इसमें तैयार किये जा सकते हैं। केवल कुकीज़, बिस्किट क्रस्ट पेस्ट्री और टोस्ट इसमें नहीं बन सकते हैं।

2. माइक्रोवेव कन्वेक्शन मोड और ग्रिल के साथ

जैसा कि नाम से ही पता चल जाता है कि इसमें तीनों चीज़ें की जा सकती हैं- ओवन कन्वेक्शन और ग्रिल, परन्तु तीनों चीजें एक साथ नहीं की जा सकतीं। मतलब एक समय पर एक ही कार्य हो सकता है। इस ओवन में बेकिंग और पुडिंग ओटीजी के समान है। इसलिए बिजली से खाना बनाने में प्रयोग आने वाले सभी बर्तन इस्तेमाल किये जा सकते हैं चाहे वह हीट प्रूफ ग्लास हो या एल्युमिनियम फॉयल इत्यादि। लेकिन इसमें पेपर प्लेट नैपकिन, प्लास्टिक व लकड़ी के बर्तन तथा रैप प्रयोग नहीं किये जा सकते। कन्वेक्शन मोड में फिश/चिकन या मीट रोस्ट और बेक किये जा सकते हैं।

ग्रिल मोड में रोस्ट, फिश/चिकन या कटलेट्स ग्रिल किये जा सकते हैं। माइक्रोवेव नहीं चालू है, तो इस मोड में हीट प्रूफ डिश या धातु की प्लेट इस्तेमाल की जा सकती है।

3. माइक्रोवेव के साथ ओवन और माइक्रोवेव के साथ ग्रिल

ओवन के साथ माइक्रोवेव में कुछ और बेक एक साथ या अलग-अलग भी कर कर सकते हैं। इसी तरह माइक्रोवेव के साथ ग्रिल में कुछ और ग्रिल साथ-साथ या अलग-अलग भी सकते हैं। लेकिन खाना बनाने वाले सभी बर्तन हीट प्रूफ और माइक्रोवेव सुरक्षित होने चाहिए, जैसे- बोरोसिल इत्यादि। इसमें कुछ धातु, चीनी, लकड़ी एल्युमिनियम, प्लास्टिक पेपर आदि नहीं प्रयुक्त हो सकते।

अपने माइक्रोवेव का 'वॉट' पावर जानना भी बेहद जरूरी है यह आप एक साधारण तरीके से जान सकते हैं–

एक कप पानी दो कप पानी की क्षमता वाले बर्तन में दो मिनट रखें और यदि पानी उबलता है, तो पावर 700 से अधिक वॉट का है। यदि अधिक समय लेता है, तो पावर 600 वॉट से कम का माना जा सकता है। उच्च, मध्यम और निम्न तापशक्ति प्रतिशत में इस प्रकार समझी जा सकती है-

उच्च तापमान (हाई) - 100%

मध्यम तापमान (मीडियम) - 80%-60%

निम्न तापमान (लो) - 40%-20%

अपने माइक्रोवेव को पहले अच्छी तरह समझ लें, फिर शुरू हो जायें माइक्रोकुकिंग में प्रयोग में आने वाले सही 'यूटेंसिल्स' अर्थात् सही बर्तन और साधन के बारे में जानकारी लेने के लिए।

❖❖❖

माइक्रोवेव कुकिंग के लिए सही बर्तन और साधन

- माइक्रोवेव में स्टील, पीतल, ताँबे के बर्तन बिल्कुल प्रयोग में नहीं लाये जा सकते, क्योंकि यह पूरी तरह से माइक्रो कुकिंग ठप्प कर देते हैं। ऐसे बर्तन माइक्रोवेव को वापस रिफ्लेक्ट कर ट्यूब को ही गरम कर खराब कर देते हैं।
- धातु के बर्तन अथवा सिल्वर गोल्डन लाइन वाली प्लेटें भी माइक्रोवेव के लिए उपयोगी नहीं, क्योंकि वह स्पार्क करने लगती हैं।
- माइक्रोवेव के लिए सदैव ग्लास जैसे पिरेक्स, बोरोसिल के बर्तन खाना पकाने व गरम करने के लिए सुरक्षित हैं। बाजारों में माइक्रो सुरक्षित चिह्न वाले बर्तन भी उपलब्ध हैं, उनका इस्तेमाल करें।

 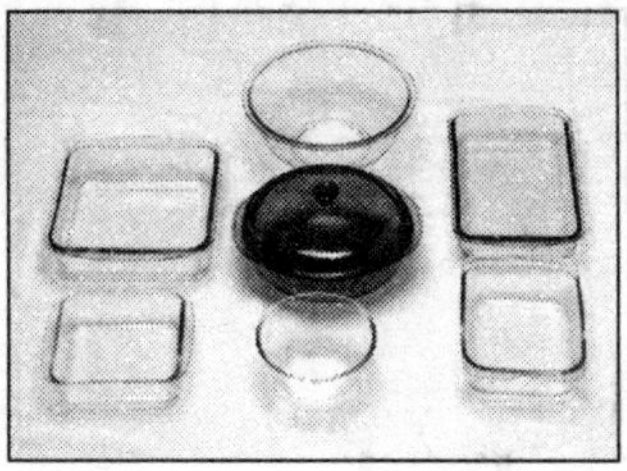

- सिरेमिक क्राकरी में बोन चायना (सिल्वर, गोल्डन लाइन के बिना) मिट्टी के बने रंगीन खुर्जा के बर्तन भी माइक्रोवेव के लिए सुरक्षित हैं।
- माइक्रो के लिए गोल या ओवल आकार की डिश सबसे अच्छी होती है, क्योंकि चौकोर बर्तनों में एनर्जी ज्यादा लगती है और कोनों में खाना ज्यादा पक जाता है। इसलिए अच्छा यही है कि गोल या ओवल आकार की ही डिश लें।
- गोल्डन सिल्वर कवर के बिना साधारण पेपर प्लेट तथा लकड़ी के बाउल, मेवे इत्यादि गरम करने के काम में लाये जा सकते हैं।
- स्टीम बास्केट, पकाने तथा रखने के सभी प्रकार के डिब्बे-बर्तन बाजारों में उपलब्ध हैं।
- मजबूत पालीथिन के थैले भी आलू, अरबी, शलजम व चुकन्दर इत्यादि उबालने के लिए प्रयोग में लाये जा सकते हैं।
- बाजारों में उपलब्ध माइक्रो सुरक्षित प्लास्टिक के बर्तन भी 10 मिनट से ज्यादा माइक्रो नहीं करने चाहिए।
- माइक्रोवेव को खाली नहीं चलाना चाहिए।

- माइक्रोवेव में चलाने वाला करछी, पलटा या स्पेट्यूला माइक्रो सुरक्षित या लकड़ी के होने चाहिए।
- माइक्रोवेव को साफ रखना जितना जरूरी है, उतना ही आसान भी है।
- अगर कोई गन्दी महक आ रही हो, तो पानी भरे एक बाउल में 20 चम्मच नींबू का रस डालकर उबलने दें, उसे कुछ मिनट वैसे ही रहने दें, फिर निकाल कर सूती कपड़े से पोछ लें।
- माइक्रोवेव के दरवाजे की सील को साफ रखना बेहद ज़रूरी है। जरा-सा भी खाना लगा नहीं होना चाहिए, क्योंकि दरवाजे का सही ढंग से बन्द होना ज़रूरी है।
- माइक्रोवेव साफ करने से पहले स्विच ऑफ करके प्लग निकाल लें। फिर एक नम हल्के साबुन लगे कपड़े से अच्छी तरह पोंछ लें। उसके बाद किसी सूखे सूती मुलायम कपड़े से पोंछ कर चमका लें। स्क्रैबर का इस्तेमाल बिलकुल न करें, जिसमें जरा भी खरोंच लगने की सम्भावना हो।
- बच्चों को अथवा अनाड़ियों को कण्ट्रोल बटन से छेड़छाड़ न करने दें।

❖❖❖

माइक्रोवेव कुकिंग के कुछ महत्त्वपूर्ण टिप्स

- माइक्रोवेव के अन्दर से गरम खाना बाहर निकालने, चलाने अथवा ढक्कन खोलने के लिए माइक्रो ग्लव्ज़ (दस्तानों) का प्रयोग करें और दूर से ही पकड़ें।
- सूप या ग्रेवी बनाते समय गहरे बर्तनों का इस्तेमाल करें।
- माइक्रोवेव में सामान बनाने के लिए विधि में बताये गये समय के अनुसार ही चलें।
- कन्वेक्शन मोड में ओवन को प्रयोग में लाने से पहले प्रीहीट करें।
- ग्रिल अथवा बेक करते समय कन्वेक्शन मोड में खाद्य सामग्री हमेशा वायररैक पर रखें।
- पराठा/चपाती या पूरी गरम कने के लिए उसे नम किचन टॉवेल या नैपकिन में लपेटें। ब्रेड को भी पेपर टॉवेल में लपेट कर गरम करें।
- बचे हुए खाने को गरम करने के लिए कुछ बूँद पानी की अवश्य डालें और ढक्कन अथवा क्लिंग फिल्म से ढक दें। ध्यान रहे ढक्कन या फिल्म में भाप के लिए छोटा छेद बना लें।
- तन्दूरी टिक्का या फिश ग्रिल करने के लिए ग्लास की सतह पर एल्युमिनियम फॉयल का टुकड़ा बिछा दें।
- आलू, टमाटर, बैगन अगर साबुत पका रहे हों, तो उनमें चीरा लगा कर माइक्रो करें।
- माइक्रो मोड में डिश को एल्युमिनियम फॉयल से ढकें नहीं।
- जहाँ तक सम्भव हो, सब्जियाँ अपने ही जूस में पकने दें। थोड़ा ही पानी डालें, जिससे पौष्टिकता बनी रहे।
- चाँदी के वर्क की मिठाइयाँ हल्की गरम करनी हों, तो ढक्कन अथवा प्लेट से ढक कर गरम कर सकते हैं।
- अण्डे की जर्दी फोड़कर ही माइक्रो करें।
- सील्ड डिब्बों में तरल चीजें गरम करें वरना डिब्बा फट सकता है।
- माइक्रोवेव वेण्टिलेशन को किसी कपड़े वगैरह से ढकें नहीं।
- वोल्टेज कम अथवा फ्लक्चुएटिंग होने पर माइक्रोवेव न चलाएँ।
- कभी अपने माइक्रोवेव को खुद ठीक करने न बैठें। सही दुकान से ही मरम्मत करवायें।

कुछ अन्य सहायक टिप्स

- मेवे भुनने के लिए ½ कप मूँगफली/काजू या बादाम पेपर बैग में डालें और 3 मिनट तक भूनें। बीच में एक बार हिला लें। यदि तला हुआ दिखाना चाहते हैं, तो उनमें थोड़ा-सा तेल/मक्खन और 2 चुटकी नमक डालकर हिला लें, फिर माइक्रो करें। स्नैक्स की तरह खायें-खिलायें।

- बादाम के छिलके उतारने के लिए एक माइक्रो सुरक्षित बाउल में आधा पानी भरिये और ¼ कम बादाम डालकर 3 मिनट हाई हीट पर रखें, 2 मिनट छोड़ दें, ठण्ढा होने पर आसानी से छिलके उतार लें।
- 1 लीटर दूध उबालने के लिए 15 मिनट मीडियम मोड पर रखें।
- टमाटरों को डण्डी की ओर से ऊपर चीरा लगा कर 3 मिनट हाई हीट पर रखें, फिर ठण्ढा होने पर छील लें।
- मजबूत पाली बैग में 5-6 मध्यम आकार के आलू छील कर 8 मिनट हाई मोड पर माइक्रो करें, 2 मिनट छोड़कर प्रयोग में लायें। ऐसे ही अरवी आधा किलो हो, तो 10 मिनट में उबाल लें।
- 3-4 ब्रेड को छोटे-छोटे टुकड़ों में काटकर 4-5 मिनट हाई मोड पर माइक्रो करें, बीच में उलटते-पलटते रहें, चाहे तो इसे सूप में डालें, चाहे तो ब्रेड क्रम्स बनाकर रख लें।
- दलिया, सूजी, सेवई पेपर बैग में 3 मिनट तक हाई तापमान पर माइक्रो करें। बीच में एक बार बैग हिला लें। फिर जब चाहे झटपट दूध में डालें और तैयार कर लें।
- सीलन लगे बिस्कुट, नमकीन व स्नैक्स को करारा करने के लिए पेपर नैपकिन/प्लेट/बाउल में डालकर बिना ढके, 1 मिनट हाई मोड पर रखें, फिर ठण्ढा होने दें।
- ½ कप दूध और आधा कप पानी 3 मिनट हाई मोड पर रखकर हटा लें। इच्छानुसार चाय/कॉफी के साथ चीनी डालकर आनन्द लें।
- माइक्रो सुरक्षित गहरे बाउल में 2 कप मक्खन या क्रीम डाल दें, 3 मिनट हाई मोड पर रखें और चला लें। लो मोड पर करके 15 मिनट बिना ढके माइक्रो करें। एक घण्टे के लिए छोड़ दें, फिर धीरे से पतले कपड़े से छान लें।
- नीबू और सन्तरे के छिलके पतले-पतले काट कर 3 मिनट हाई मोड पर रखकर सुखाये जा सकते हैं। बीच में हिला लें। ठण्ढा करके फ्रिज में रख लें और जब तब काम में लायें।
- गरमागरम पॉपकार्न बनाने के लिए बड़े बासी कागज के लिफाफे में ½ कप मक्के के दाने लेकर दो बार ऊपर से मोड़ लें। हाई मोड पर 3 मिनट माइक्रो कुक करें। मक्के के दानों में थोड़ा मक्खन और अनुमान से नमक मिला कर माइक्रो करें, तो और भी स्वादिष्ट पॉपकार्न तैयार मिलेंगे।
- एक कप खजूर अथवा किशमिश लेकर पानी छिड़क कर ढक लें और हाई मोड पर 45 सेकेण्ड के लिए रख लें। एक मिनट बाद इस्तेमाल में लायें।
- पेपर बैग में 4-6 पापड़ 2 मिनट साइड बदल कर भूने जा सकते हैं।
- 1 कप फल/सब्जी 3-4 मिनट हाई मोड में ढक कर पकाये या स्ट्यू किये जा सकते हैं।
- बच्चे की दूध की बोतल 6-7 मिनट के लिए हाई मोड पर रखने से 'स्टरलाइज' हो जाती है।
- नीबू/सन्तरे 30-40 सेकेण्ड तक हल्का गरम किये जाने पर ज्यादा रस देते हैं।
- कड़ा मक्खन/आइसक्रीम 30 सेकेण्ड के लिए फास्ट मोड पर रख कर सही किये जा सकते हैं।
- सख्त जैम को ढक्कन खोलकर 2 मिनट तक हाई मोड पर गरम कर सही किया जा सकता है।

❖❖❖

फ्रोजन खाद्य सामग्री की 'डिफ्रॉस्टिंग'

फ्रीजर से निकली हुई खाद्य सामग्री को पकाने के लिए पहले सामान्य करना आवश्यक है, क्योंकि सामान्य सामग्री अपेक्षाकृत जल्दी पक जाती है। माइक्रोवेव में डिफ्रॉस्टिंग जल्दी और आसानी से हो जाती है। यह सेहत के लिए स्वच्छ होती है और साथ ही इसमें इसका रंग, गन्ध और गुण भी बना रहता है। फ्रोज़न खाद्य सामग्री का कवर हटा दें अथवा जिस बैग में है, उसमें छेद कर दें, जिससे गरम करते समय बैग फटे नहीं। चिकन/मटन अथवा फिश इत्यादि सभी की डिफ्रॉस्टिंग समय अवधि-अलग है, इसलिए जान लेना ज़रूरी है–

खाद्य सामग्री	डिफ्रॉस्टिंग समय	प्रयोग में लाने का समय
500 ग्राम मटन	10 मिनट	15 मिनट बाद
500 ग्राम कीमा	6 मिनट	15 मिनट बाद
800 ग्राम चिकन साबुत	20–25 मिनट	आधा घण्टा बाद
800 ग्राम चिकन टुकड़े	15 मिनट	15 मिनट बाद
500 ग्राम फिश	10 मिनट	15 मिनट बाद
500 ग्राम लिवर	8 मिनट	15 मिनट बाद
500 ग्राम मटन चाप्स	5–6 मिनट	10 मिनट बाद
500 ग्राम सब्जियाँ	5 मिनट	8–10 मिनट बाद
500 ग्राम सॉसेज़	6 मिनट	10 मिनट बाद

पकी हुई डिशों की री-हीटिंग समय अवधि भी अलग-अलग होती है, जिन्हें भी जानना बेहद ज़रूरी है।

तैयार डिशों की री-हीटिंग

माइक्रोवेव में तैयार खाना जल्दी गरम हो जाता है, इसके लिए यह अत्यन्त उपयोगी है, किन्तु अलग-अलग डिशों की री-हीटिंग समय-अवधि भी भिन्न-भिन्न है, जिसमें उसकी पौष्टिकता व गुणवत्ता वैसी ही रहे तथा रूप-रंग और स्वाद एकदम ताज़ा लगे। आइए जानें–

विविध व्यंजन और पेय	री-हीटिंग समय-अवधि
पिज्जा 1	2 मिनट (क्लिंग फिल्म से ढका)
बर्गर/हाट डॉग 1	1 मिनट (पेपर टॉवेल से ढका)
ब्रेड रोल्स 2	30 सेकेण्ड पेपर प्लेट में
सैंडविच 2	1 मिनट पेपर नेपकिन में
बेबीफूड 100 मिली ग्राम	10 सेकण्ड

दलिया 1 बाउल	1 मिनट बिना ढके
पराठा/चपाती/पूरी 8-10	1 मिनट नम कपड़े में लपेट कर
चावल 250 ग्राम	2 मिनट ग्लास डिश से ढक कर
सूखी सब्जी 2 छोटी कटोरी	2 मिनट ढक कर
रसेदार सब्जी 2 बाउल	3 मिनट ढक कर
रोस्टेड चिकन 4 पीस	2 मिनट ढक कर
चिकन करी 2 बाउल	3 मिनट ढक कर
मीट करी 2 बाउल	3 मिनट ढक कर
फिशफ्राई 4 पीस	2 मिनट बिना ढके
फिश करी 2 बाउल	3 मिनट ढक कर
इडली 4-6	30 सेकेण्ड ढक कर
दाल 2 बाउल	3 मिनट ढक कर
गुलाबजामुन 6-8 पीस	40 सेकण्ड ढक कर
बर्फी/लड्डू 4-6 पीस	30 सेकण्ड बिना ढके
हलवा 250 ग्राम	2 मिनट ढक कर
सॉसेज 250 मिली ग्राम	2 मिनट ग्लास बाउल में
सूप 1 बाउल	2½-3 मिनट

❖❖❖

माइक्रोवेव व्यंजन विधियों में काम आने वाले पेस्ट, सिरप और सॉसेज

(यह साधारण चूल्हे पर भी बनाये जा सकते हैं)

बादाम और काजू पेस्ट

सामग्री- **समय- 3 मिनट माइक्रो**

बादाम / काजू	1 कप	दही / पानी	1 कप

विधि-

- बादाम / काजू को पानी में उबाल कर 30 मिनट के लिए छोड़ दें और ठण्ढा होने पर छीलकर मिक्सी में दही के साथ पीस लें।
- यदि उबले पानी के साथ पिसा हो, तो डब्बे में बन्द कर फ्रीजर में स्टोर कर लें। यह 10-15 दिन आराम से चल जाता है।

प्रयोग-

- तरी गाढ़ी करने के लिए इसका खूब प्रयोग होता है।
- सूप बनाने में भी इसका इस्तेमाल किया जाता है।

टमाटर और प्याज का पेस्ट

सामग्री- **समय 35 मिनट माइक्रो**

बड़े टमाटर	1 किलो	प्याज	1 किलो
अदरक लहसुन पेस्ट	3 बड़े चम्मच	जीरा	2 छोटे चम्मच
हल्दी पाउडर	2 छोटे चम्मच	तेल	5 बड़े चम्मच
नमक	1 बड़ा चम्मच	मिर्ची पाउडर	2 छोटे चम्मच
गरम मसाला	1 बड़े चम्मच		

विधि-

- प्याज को बारीक काट लें।
- कटे प्याज को 3 बड़े चम्मच तेल के साथ बिना ढके हाई मोड पर 10 मिनट के लिए रखें। बीच में हिलाते रहें। एक छोटा चम्मच नमक छिड़क कर चलायें और 3 मिनट के लिए हाई मोड पर बिना ढके गरम करें।
- टमाटर बीच से काट कर प्लेट में रखें। 5 मिनट हाई मोड पर पकायें, हटायें फिर ठण्ढा कर लें।
- टमाटरों को छीलकर काट लें और प्याज के साथ मिलाकर महीन पीस लें।
- गहरे माइक्रो सुरक्षित बाउल में 2 बड़े चम्मच तेल और जीरा हाई मोड पर 2 मिनट के लिए रखें।
- उसी बाउल में प्याज और टमाटर का पेस्ट, अदरक, लहसुन का पेस्ट, हल्दी, लाल मिर्च पाउडर, गरम मसाला व नमक मिला दें। ढक कर बन्द करें तथा 15 मिनट हाई मोड पर गरम करें।
- पाँच मिनट छोड़ कर ढक्कन खोलें। आपके सामने चटपटा गाढ़ा मसाला तैयार है।
- ठण्ढा करके छोटे-छोटे डिब्बों में बन्द कर फ्रीज़र में समय-समय पर उपयोग के लिए सुरक्षित रख दें। काम में लाना हो, तो आधा घण्टा पहले निकाल लें।

प्रयोग-

- अनेक डिशों में यह बेस की तरह इस्तेमाल होता है।
- करी बनाने में इसका विशेष महत्त्व है। पर ध्यान रहे कि इसमें क्या-क्या मसाले पड़ चुके हैं।

सफेद और भूरा प्याज का पेस्ट

सफेद पेस्ट

सामग्री- **समय- 6 मिनट माइक्रो**

कटा प्याज	500 ग्राम	पानी	½ कप

विधि-

- 6 मिनट के लिए प्याज को ½ कप पानी के साथ माइक्रो सुरक्षित बाउल में हाई मोड पर रखें।
- ठण्ढा होने पर मिक्सर में पीस कर फ्रीजर में सुरक्षित कर लें और जब चाहे तब हल्के रंग की तरी के लिए इस्तेमाल करें।

भूरा पेस्ट

सामग्री- **समय- 35 मिनट माइक्रो**

कटा प्याज	1 किलो	तेल	3 बड़े चम्मच

विधि-

- प्याज का भूरा पेस्ट बनाने के लिए प्याज पीसने से पहले तेल के साथ उसे हाई मोड पर 30 मिनट सुनहरा होने दें। बीच में हिला दें।
- ठण्ढा करें और मिक्सी में पीस लें तथा एयरटाइट ज़ार में बन्द कर फ्रिज में रख लें।

प्रयोग-

- यह वेज नानवेज सभी प्रकार की डिशों को स्वादिष्ट बनता है।

टमाटर प्यूरी

सामग्री- **समय- 30 मिनट माइक्रो कुकिंग**

टमाटर जूस	1000 मिली.	एसिटिक एसिड	6 मिली.
सोडियम बेंजोएट	1 ग्राम		

विधि-

- टमाटर जूस हाई मोड पर 30 मिनट के लिए रख दें। ढक्कन नहीं लगायें।
- हटाकर गरम प्यूरी में एसिटिक एसिड व सोडियम बेंजोएट डालें।
- ठण्ढा होने पर साफ बोतलों में भर लें। यह प्यूरी एक साल तक खराब नहीं होगी।

प्रयोग-

- यह प्यूरी सूप तरी सभी में स्वाद और रंग बढ़ाने के लिए बहुत उपयोगी है।

पालक की प्यूरी

सामग्री- **समय- 5 मिनट माइक्ररे**

पालक	2 गड्डी

विधि-

- पालक को अच्छी तरह साफ कर धो लें और काट लें।
- 5 मिनट हाई मोड पर पालक को माइक्रो कुक करें।
- फिर पालक मिक्सी में पीस लें और फ्रिज में स्टोर कर लें।

नोट- *अधिक दिनों के लिए रखना हो, तो फ्रिजर में अन्यथा 4-5 दिनों के लिए रखना हो, तो चिल ट्रे में सुरक्षित कर लें।*

प्रयोग-

- सूप, साग और सूफले इत्यादि में प्रयोग के लिए यह बेहतरीन है।

चिली गारलिक सॉस

सामग्री-			**समय- 12 मिनट माइक्रो**
सूखी लाल मिर्च (बीज हटाई हुई)	2 कप	नमक	4 छोटे चम्मच
		लहसुन छिली हुई	1 कप
सिरका	1 कप	तेल	½ कप

विधि-

- 2 कप पानी 2 मिनट गरम करें। उसमें लाल मिर्च एक घण्टे के लिए भिंगो दें।
- फिर उसे हाई मोड पर 8 मिनट ढक कर पकायें, 3 मिनट वैसे ही रहने दें। लहसुन मिला कर ठण्ढा होने तक ढक दें।
- नमक, सिरका और लहसुन-मिर्च सब अच्छे से मिक्सी में पीस लें। फिर हाई मोड पर तेल गरम कर उसमें पेस्ट मिला दें।
- ठण्ढा होने पर साफ शीशे की बाटल में डाल कर फ्रिज में स्टोर कर लें।

प्रयोग-

विभिन्न डिशों के लिए चिली गारलिक सॉस उपयोगी है-

- तरी अथवा सूखी सब्जियों में मिलाने के लिए।
- सैण्डविच बनाने के लिए।
- सैलेड की ड्रेसिंग के लिए।
- यदि लहसुन पसन्द न हो, तो बिना लहसुन के भी यह **चिली सॉस** तैयार की जा सकती है। वह भी इन व्यंजनों के स्वाद को बढ़ाती है।

नारियल का दूध

सामग्री-			**समय- 3 मिनट माइक्रो**
			शेष दूध निकालने का समय
कद्दूकस किया नारियल	1	पानी	2½ कप

विधि-

- 1½ कप पानी को किसी माइक्रो सुरक्षित बाउल में डालकर 2 मिनट हाई मोड पर रखें।
- आधे घण्टे तक पिसे नारियल को उसमें भिंगो कर रख दें।
- मिक्सी में उसका महीन पेस्ट तैयार कर लें।
- उसे छान कर इकट्ठा कर लें।
- 1 कप पानी 1 मिनट के लिए हाई मोड पर पुनः गरम करें और छने हुए नारियल के अवशेष उसमें डालकर दोबारा छान कर दूध निकाल लें।

नोट- *दोबारा छने हुए दूध को पहले इस्तेमाल करें। गाढ़ा दूध डिश पूरा पकने से तुरन्त पहले डालें।*

सूप के लिए स्टॉक

वेज (शाकाहारी) स्टॉक

सामग्री- **समय- 35 मिनट माइक्रो**

टमाटर	1	कटा हुआ गाजर	1
प्याज	1	पत्तागोभी के पत्ते	3-4
पुदीने की पत्तियाँ	5-6	काली मिर्च के दाने	9-10
बड़ी इलायची	2	तेजपत्ता	1
दालचीनी	1 इंच लम्बा	लौंग	4-5
पानी	6-7 कप		

विधि-

- सारी सामग्री एक माइक्रो सुरक्षित बाउल में डालकर 15 मिनट हाई मोड पर उबाल लें। 20 मिनट मीडियम मोड पर रखें, फिर 10 मिनट के लिए छोड़ दें।
- छलनी से छान कर सब्जियों को मैशर से मसल कर पुनः छान लें।
- ठण्ढा कर फ्रिज में स्टोर कर लें।

नोट- *यह स्टॉक डीप फ्रीजर में सुरक्षित रखने पर महीने भर आराम से प्रयोग में लाया जा सकता है।*

नॉनवेज (माँसाहारी) स्टॉक

सामग्री- **समय- 55 मिनट**

- वेज स्टॉक की सारी सामग्री
- चिकन / मटन के बोन सहित 3-4 टुकड़े

विधि-

- वेज स्टॉक की सारी सामग्री के साथ चिकन / मटन के टुकड़े भी डाल दें।
- 15 मिनट हाई मोड पर रखकर 40 मिनट मीडियम मोड पर माइक्रो कुक करें।
- 10 मिनट छोड़कर मसलकर छान लें और ठण्ढा होने पर फ्रिज में स्टोर करके रखें।

प्रयोग-

- सूप बेस, ग्रेवी बेस तथा पुलाव बनाने के लिए यह लाजवाब है।

लाल मिर्च तेल

सामग्री- **समय- 7 मिनट**

लाल मिर्च (बीज निकाली हुई)	¼ कप	तेल	1 कप

विधि-

- मिर्च तेल बनाने के लिए एक कप तेल में चौथाई कप बीज हटायी गयी लाल मिर्च तोड़कर डाल लें और 7 मिनट के लिए हाई मोड पर बिना ढके पकायें।
- रात भर ढक कर रखें, सुबह छान कर बोतल में भर लें और जब जरूरत हो, काम में लायें।

गुड़ का सिरप

सामग्री- **समय- 4 मिनट माइक्रो**

कद्दूकस किया हुआ गुड़	1 कप	पानी	कप

विधि-

- गुड़ को पानी में डालकर 4 मिनट के लिए हाई मोड पर रखकर ठण्ढा करें और छान कर फ्रिज में स्टोर करें।

प्रयोग-

- चाय/हर्बल चाय के प्रयोग में यह चीनी से बेहतर है, क्योंकि लाभप्रद है। इसका अपना अलग स्वाद है।

❖❖❖

काण्टिनेण्टल, चायनीज और इटैलियन माइक्रोवेव डिशों के लिए उपयोगी सॉसें

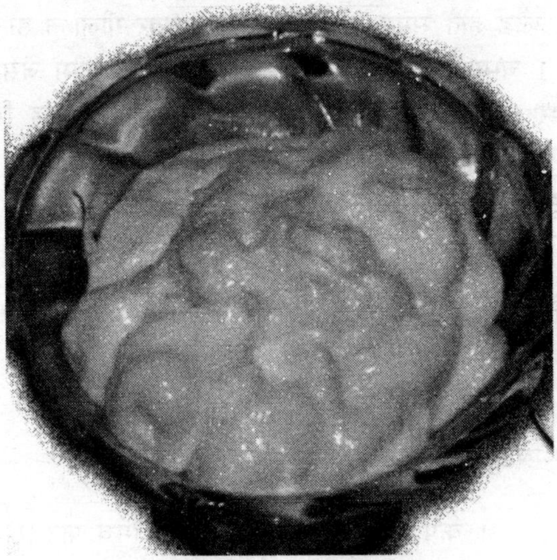

मस्टर्ड सॉस (सरसों सॉस)

सामग्री- **समय- 10 मिनट**

सरसों पाउडर	$\frac{1}{4}$ कप	सफेद ब्रेड	2 स्लाइस
सिरका	$\frac{1}{2}$ कप	चीनी	1 छोटा चम्मच
नमक	2 छोटे चम्मच		

विधि-

- ब्रेड के स्लाइसों को तोड़कर सिरके में भिगो लें।
- शेष सामग्री को उसमें मिलाकर महीन पीस लें।
- शीशे की बोतल में बन्द कर किसी गरम स्थान पर 4-5 दिन रखकर तैयार होने दें, फिर अच्छी तरह हिलायें। ठण्ढ के मौसम में 1-2 दिन अधिक लग सकते हैं।

प्रयोग-

- पिज्जा, बर्गर, सैण्डविच व सैलेड आदि के लिए इसका खूब प्रयोग किया जाता है।

मेयोनीज़ (Mayonnaise)

सामग्री- **समय- 15-20 मिनट**

अण्डे का योक (जर्दी)	2 अण्डे का	सरसों पाउडर	1 छोटा चम्मच
चीनी	1 छोटा चम्मच	तेल	$1\frac{1}{2}$ कप
या सैलेड ऑयल	2 छोटे चम्मच	सिरका	3 बड़े चम्मच
सफेद मिर्ची पाउडर	1 छोटा चम्मच	नमक	2 छोटे चम्मच

विधि-

- अण्डे की जर्दी, नमक, चीनी व मिर्च पाउडर एक साथ रखकर, लो मोड पर ब्लैण्ड कर लें।
- सिरका व तेल बूँद-बूँद ब्लैड होते समय डालें, जब तक बराबर गीला न हो जाये।
- फिर ब्लेण्ड होते समय 1 चम्मच तेल डाल कर मिक्चर को गाढ़ा क्रीम जैसा पेस्ट तैयार कर लें। अब उसमें सरसों पाउडर और सफेद मिर्च पाउडर डाल कर अच्छी तरह मिला लें तथा चौड़े मुँह की शीशी में बन्द कर फ्रिज में स्टोर कर लें। जितना जरूरी हो प्रयोग में लायें।

नोट- *तुरन्त खाना हो, तो पूरा अण्डा तथा सिरके की जगह नींबू डाल कर स्वादिष्ट सॉस तैयार की जा सकती है।*

प्रयोग-

- सैलेड ड्रेसिंग या ब्रेड/पराठा स्प्रेड के रूप में यह खूब इस्तेमाल होता है।
- फिश आदि की बेकिंग में भी इसका प्रयोग किया जाता है।

चीज़ क्रीम ड्रेसिंग

सामग्री- **समय- 5 मिनट**

पानी निथारा हुआ दही	1 कप	सफेद मिर्च पाउडर	2 चम्मच
चीनी	1 छोटा चम्मच	सरसों पाउडर	$\frac{1}{2}$ छोटा चम्मच
तेल	1 छोटा चम्मच	या ओलिव ऑयल	$\frac{1}{2}$ छोटा चम्मच
नमक	1 छोटा चम्मच		

विधि-

- सब सामान एक बाउल में चम्मच से मिला लें।
- प्रयोग में लाने से पहले फ्रिज में अच्छी तरह ठण्ढा कर लें।

नोट- *पानी निथरा हुआ दही / हंगकर्ड / चीज़ क्रीम*

साधारण फ्रेंच ड्रेसिंग

सामग्री- **समय- 5 मिनट**

टेबल विनेगर	$\frac{1}{4}$ कप	लहसुन	1 गाँठ
चीनी	1 छोटा चम्मच	तेल	$\frac{1}{4}$ कप
सूखी सरसों पाउडर	1 छोटा चम्मच	नमक	स्वादानुसार
मिर्च पाउडर	स्वादानुसार		

विधि-

- तेल और सिरके को एक बोतल में डाल लें।
- कसा हुआ लहसुन, चीनी और सरसों उसमें डाल कर अच्छी तरह हिलायें।
- फिर नमक और मिर्च डाल कर बोतल कई बार जोर से हिला लें। प्रयोग में लाने से पहले इसे फ्रिज में ठण्ढा कर लें।

विविधता के लिए-

- सिरके की जगह नींबू का रस ले सकते हैं।
- साधारण रिफाइण्ड ऑयल के स्थान पर ओलिव ऑयल के साथ इसे बगैर लहसुन के बना लें।

बारबेक्यू सॉस

सामग्री- **समय- 8-10 मिनट माइक्रो**

मक्खन	2 बड़े चम्मच	कटे हुए प्याज	2 बड़े चम्मच
केचप	1 कप	नीबू का रस	2 बड़े चम्मच
सरसों सॉस	2 बड़े चम्मच	लाल मिर्च पाउडर	1 बड़ा चम्मच
लहसुन कतरे	1 गाँठ	ब्राउन शुगर	¼ कप
सिरका	3 बड़े चम्म्च	सोया सॉस	2 बड़े चम्मच
वोरसेस्टरशाइर सॉस	2 बड़े चम्मच	टोबेस्को	3 बूँद

विधि-

- एक लीटर क्षमता वाले बड़े माइक्रो सुरक्षित बाउल में मक्खन, लहसुन व प्याज डालें और हाई मोड पर 3 मिनट रखें।
- शेष सामग्री भी डाल लें और बीच-बीच में हिलाते हुए 5 मिनट के लिए हाई मोड पर रखें।

प्रयोग-

- यह सॉस चिकन, मटन आदि के 'मेरिनेशन' के लिए उपयोग में लाया जाता है।
- इसे ठण्ढा कर के सुरक्षित कर लें।

ओरियेण्टल ड्रेसिंग

सामग्री- **समय- 5-10 मिनट**

सोय सॉस	¼ कप	वाइन सिरका	2 बड़े चम्मच
वेजिटेबल सीसेम (तिल) ऑयल	1 बड़ा चम्मच	संतरे का रस	2 बड़े चम्मच
		लहसुन कतरे	1 गाँठ

विधि

- काँच की एक साफ बोतल में सारी सामग्री मिलायें।

- अच्छी तरह हिलायें।
- फ्रिज में ठण्ढा करके स्टोर करें।
- यह एक महीने तक रखा जा सकता है।

प्रयोग-

- यह लो केलोरी सैलेड ड्रेसिंग है। इसे बेहिचक इस्तेमाल कर सकते हैं।

विविधता के लिए-

- 2 बड़े चम्मच अदरक के कतरे बनाकर इस ड्रेसिंग में डाल कर नया स्वाद बनायें।
- 1 बड़ा चम्मच सूखा सरसों पाउडर यदि अदरक वाली ड्रेसिंग में मिला लें, तो एक अनोखा नया स्वाद पा सकेंगे।

रूसी ड्रेसिंग (रशियन)

सामग्री- **समय- 5 मिनट**

मेयोनीज़	1 कप	चिली सॉस	¼ कप

विधि-

- दोनों सामग्री को अच्छी तरह मिला कर फ्रिज में ठण्ढा कर स्टोर कर लें।

प्रयोग-

- यह उबली सब्जियों के साथ खूब चलता है

चायनीज़ ड्रेसिंग

सामग्री- **समय-5 मिनट**

तेल	¼ कप	सिरका	¼ कप
मिर्च	1 छोटा चम्मच	चिली सॉस	½ छोटा चम्मच
सोय सॉस	¼ कप	चीनी	1 छोटा चम्मच
नीबू के छिलके कतरे	1 छोटा चम्मच	लहसुन कतरे	1 छोटा चम्मच

विधि-

- सारी सामग्री इकट्ठा मिला कर, साफ बोतल में डालें और अच्छी तरह हिला लें। बस यह ड्रेसिंग तैयार है।

प्रयोग-

- यह ड्रेसिंग हरी पत्तेदार सब्जियों के साथ खूब ज़ायका देती है।

चीज़ी ड्रेसिंग

सामग्री- **समय-5 मिनट**

दही	½ कप	टोमेटो सॉस	1 बड़ा चम्मच
चिली गारलिक सॉस	1 बड़ा चम्मच	दूध	2 बड़े चम्मच
कतरा किया चीज़	¼ कप	सरसों सॉस	1 छोटा चम्मच
क्रीम या मलाई	2 बड़े चम्मच	मिर्च पाउडर	1 छोटा चम्मच
पुदीना पाउडर	1 छोटा चम्मच		

विधि-

- सारी सामग्री को अच्छी तरह मिलायें और फ्रिज में ठण्ढा कर लें।
- फिर सैलेड पर डालकर सर्व करें।

आइसलैण्ड ड्रेसिंग

सामग्री- **समय- 5 मिनट**

मेयोनीज	1 कप	कटा हुआ ओलिव	2 छोटे चम्मच
हरी मिर्च कटी	2 बड़े चम्मच	पार्सले महीन कटा	½ छोटा चम्मच

विधि-

- सारी सामग्री को अच्छी तरह मिलायें। फ्रिज में रखकर अच्छी तरह ठण्ढा कर लें।
- ठण्ढी ड्रेसिंग को सैलेड पर फैलायें।

❖❖❖

केक, आइसक्रीम और पुडिंग पर लगाये जाने वाले सॉस

चाकलेट सॉस

सामग्री- **समय- 5 मिनट**

कोकोवा पाउडर	½ कप
पानी	1½ कप

विधि-

- कोकोवा, चीनी और पानी को माइक्रो सुरक्षित बाउल में मिलायें।
- ढक कर हाई मोड पर 5 मिनट तक, बीच-बीच में हिलाते हुए पका लें।
- यदि सॉस पतला लग रहा हो, तो 2 मिनट और पका लें।

प्रयोग-

- आइसक्रीम, केक अथवा पुडिंग पर यह फ्रिज का ठण्ढा (चिल्ड) / गरम दोनों में से किसी तरीके से परोसा जाता है।

विशेष-

- चॉकलेट सॉस से ठण्ढा अथवा चॉकलेट मिल्क आसानी से तैयार कर सकते हैं।

स्ट्राबेरी सॉस

सामग्री-			**समय- 9 मिनट माइक्रो**
स्ट्राबेरीज	2 कप	नीबू का रस	2 बड़े चम्मच
चीनी	½ कप		

विधि-

- गहरे माइक्रो सुरक्षित काँच के बाउल में स्ट्राबेरी, चीनी तथा नींबू का रस मिला लें।
- ढक्कन अथवा क्लिंग फिल्म से अच्छी तरह से ढक लें।
- 6 मिनट के लिए उसे हाई मोड पर पकने दें। बीच-बीच में चला लें, जब तक बेरीज नरम न हो जायें।
- मिक्चर को लिक्विडाइज़र में घुमाकर छन्नी से दबाकर छान लें।
- प्यूरी को एक बाउल में डालें और हाई मोड पर बिना ढके 2 मिनट पकायें, जब तक वह थोड़ा गाढ़ा नहीं हो जाता है।

प्रयोग-

- केक, पुडिंग और आइसक्रीम सभी पर फ्रिज का ठण्ढा (चिल्ड) अथवा गरम डाल कर सर्व करें।
- मजेदार सट्राबेरी शर्बत / शेक भी इससे तैयार किये जाते हैं।

पीच सॉस

सामग्री-			**समय- 3 मिंनट**
पीच (आड़ू)	4	पानी	¼ कप
वेनिला एसेंस	½ छोटा चम्मच	चीनी	¼ कप
नींबू का रस	1 बड़ा चम्मच		

विधि-

- पीच को छीलने के लिए धोकर उबलते पानी में 2-3 मिनट सूखे, फिर ठण्ढे पानी में डालकर छील लें।
- छीलने के बाद उसकी फाँके काट लें। फिर और छोटे टुकड़े कर लें।
- माइक्रो सुरक्षित बाउल में चीनी, पानी, नींबू का रस और वेनिला एसेंस हाई मोड पर 3 मिनट उबालें।
- कटे हुए टुकड़े उबले मिक्सर में डालें और ढक दें।
- थोड़ी देर वैसे ही छोड़कर ठण्ढा होने दें। फिर फ्रिज में अच्छी तरह ठण्ढा कर लें।

प्रयोग-

- यह आइसक्रीम के लिए ख़ास लज्ज़तदार है।
- पीच सॉस को पीच शर्बत और शेक बनाने में भी इस्तेमाल किया जा सकता है।

❖❖❖

भारतीय व्यंजन

कैबेज सुप्रीम, 107

भरवाँ बड़ी हरी मिर्च, 73

ग्रिल्ड फिश, 63

अम्बा पनीर, 74

नवरतन कोरमा, 77

गाजर का हलवा, 110

भरवाँ बैंगन, 70

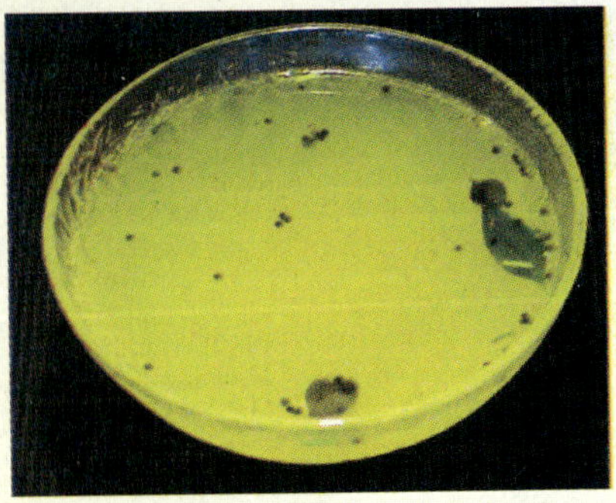

नींबू का रसम सूप, 45

बादाम सूप, 43

स्वाद भरी मूँग खिचड़ी, 101

नारियल चावल, 100

हर्बल टी, 54

माइक्रोवेव में तैयार भारतीय व्यंजन

अन्य देशों की तरह आज भारत में भी मर्द-औरत दोनों ही आय बढ़ाने के लिए काम में लगे हुए हैं। समय की कमी सभी को है। ऐसे में जल्दी, स्वास्थ्यवर्धक और स्वादिष्ट खाना बनाने में माइक्रोवेव का जवाब नहीं। घर का भारतीय स्वाद बाजारों में नहीं मिल सकता, इसलिए माइक्रोवेव में तैयार होने वाली भारतीय डिशें यहाँ दी जा रही हैं। भारतीय भोजन में खाने का स्वाद बढ़ाने वाले चटनी और अचार दिमाग में सबसे पहले आते हैं, इसलिए सर्वप्रथम उनकी विधियों पर नज़र डालते हैं–

सेब की चटनी

सामग्री- **समय- 10 मिनट**

पकाने वाले सेब	500 ग्राम	कतरे किये हुए भुने बादाम	12
नींबू का रस	1 चम्मच	मक्खन	½ छोटा चम्मच
नमक	2 छोटे चम्मच	दालचीनी पाउडर	½ छोटा चम्मच
सेब रस	¼ कप	चीनी पाउडर	1 कप
सोंठ	½ छोटा चम्मच	सफेद मिर्च पाउडर	1 छोटा चम्मच

विधि-

- सेब को धो पोंछ कर बीज निकाल कर, मिक्सी में ग्रेट कर लें अथवा कद्दूकस कर लें।
- नींबू का रस मिलाकर माइक्रो सुरक्षित बाउल में डालें और ढक कर 5 मिनट हाई मोड पर रखें तथा फिर चला लें।

- 3 मिनट फिर ढक कर पकायें।
- ढक्कन हटा दें और चीनी, सोंठ, दालचीनी, नमक, मक्खन व मिर्च पाउडर उसमें मिलायें, फिर ढक कर हाई मोड पर 2 मिनट पकायें। चलाकर, ठण्डा होने दें।
- स्वाद ठीक है या नहीं, इसके लिए एक बार चखकर सब देख लें।
- कतरे हुए बादाम छिड़क कर साफ बोतल में भर लें और फ्रिज में स्टोर कर लें।

विविधता लाने के लिए-

- नींबू की जगह सन्तरे का प्रयोग कर सकते हैं।

नोट- *सप्ताह के अन्दर ही इसे इस्तेमाल कर डालें।*

प्रयोग-

- पराठा / पूरी / ब्रेड किसी पर भी फैलाकर मजे से खायें-खिलायें।

मेवे वाली कद्दू की चटनी

सामग्री- **समय- 8 मिनट माइक्रो**

कद्दू के बीज व छिलके	2 कप	उरद दाल / काला चना	1 बड़ा चम्मच
मूँगफली	¼ कप	इमली का गूदा	1 छोटा चम्मच
सरसों	1/7 छोटा चम्मच	हींग	1 चुटकी
हरी मिर्च कतरी हुई	4	करी पत्ते	4 डण्डियाँ
दही	1 कप	नमक	स्वादानुसार
तेल	3 बड़े चम्मच	लाल मिर्च साबुत	1-2

विधि-

- माइक्रो सुरक्षित बाउल में हाई मोड पर 1 मिनट के लिए तेल गरम करें।
- उरद दाल अथवा काले चने और मूँगफली को उसमें डालकर 2 मिनट हाई मोड पर पकायें।
- कद्दू के छिलके और बीज के साथ हरी मिर्च, करी पत्ते, नमक बाउल में डालें और 5 मिनट हाई मोड पर ढक कर रखें।
- 3 मिनट के लिए वैसे ही छोड़ दें।
- बाउल के बाहर करें और मिश्रण को मिक्सी में पीस लें।
- दही और इमली का गूदा बराबर करके मिलायें।
- परोसने से पहले गैस पर 1 छोटा चम्मच तेल गरम करें, सरसों, मिर्च का तड़का बनायें, हींग डालकर चटनी पर डालें।

प्रयोग-

इडली, डोसा या सैण्डविच में लगाकर खीरे व टमाटर के साथ इसका आनन्द लें।

नींबू की चटनी

सामग्री- **समय- 15 मिनट**

नींबू	24	गुड़	750 ग्राम
चीनी	2½ कप	मेथी	2 छोटे चम्मच
हींग	2 छोटे चम्मच	तेल	1 बड़ा चम्मच
लाल मिर्च पाउडर	3-4 छोटा चम्मच	काला नमक	1 बड़ा चम्मच
नमक	स्वादानुसार		

विधि-

- नींबू को धो-पोंछ कर 4 फाँके काट लें। बीज निकाल दें।
- एक बड़े माइक्रो सुरक्षित बाउल में नींबू रखकर, 13 मिनट के लिए हाई मोड कर दें।
- कद्दूकस करके गुड़ को नींबुओं में मिलायें, फिर ढक कर 2 मिनट हाई मोड पर रखें।
- बाउल हटा लें। ढक्कन हटाकर 2½ कप चीनी मिलायें, फिर ढकें और 30-40 मिनट ऐसे ही छोड़ दें।
- नींबूओं को लिक्विडाइजर में डाल कर चला लें।
- तड़का गैस पर तैयार कर लें। पहले तेल गरम कर मेथीदाने चटका लें, फिर हींग और मिर्च डालें।
- तड़का नींबुओं पर डालकर हिला लें। एक बार फिर मिक्सर चला लें।
- ठण्ढा होने पर कॉच की साफ बोतल में भर कर रख लें।

नोट- *चाहें तो गुड़ की जगह केवल चीनी का ही प्रयोग करें।*

प्रयोग-

- किसी भी खाने के साथ यह स्वाद बढ़ाता है।

कच्चे आम की मीठी चटनी और मीठा अचार

सामग्री- **समय- 12 मिनट माइक्रो**

कच्चा आम	1 किलो	तेल	2 बड़े चम्मच
हल्दी	1 छोटा चम्मच	गुड़	आधा किलो
प्याज के बीज	1 छोटा चम्मच	सौंफ	1 छोटा चम्मच
मेथी	1 छोटा चम्मच	सूखी लाल मिर्च साबुत	4
सरसों	1 छोटा चम्मच	नमक	स्वादानुसार

विधि-

- कच्चे आमों का छील कर गुठली हटा लें और 2 इंच लम्बे टुकड़ों में काट लें अथवा चटनी बनाना हो, तो कद्दूकस कर लें।
- गुड को कद्दूकस करके एक ओर रख लें।

- माइक्रो सुरक्षित बाउल में एक मिनट के लिए तेल गरम करें और लाल मिर्ची के बीज निकाल कर मेथी, सरसों तथा प्याज के बीजों को डाल दें। बिना ढके 2 मिनट हाई मोड पर रखें।
- हल्दी और हींग डालकर 1 मिनट पकायें।
- आम के टुकड़े और नमक डालकर चलायें। ढक कर हाई मोड पर 6-7 मिनट पकने दें। यदि चटनी बनाना हो, तो आम के लच्छे डालें और 3-4 मिनट ही पकायें।
- अब कद्दूकस किया हुआ गुड़ मिलायें और ढक कर 5 मिनट मीडियम मोड पर पकने दें।
- ठण्ढा होने पर शीशे के साफ जार में भर कर रखें।
- फ्रिज़ में यह महीने भर आराम से चलता है।

प्रयोग-

- भारतीय खाने के साथ परोसें। चावल-दाल अथवा पूरी-पराठे के साथ यह खूब मज़ा देता है।

लौकी का अचार

सामग्री- **समय- 7 मिनट माइक्रो**

लौकी	700 ग्राम	लाल मिर्च	8
सरसों	2 बड़े चम्मच	नमक	2 बड़े चम्मच
माल्ट सिरका	$2\frac{1}{4}$ कप	मेथी	1 छोटा चम्मच
अदरक, लहसुन पेस्ट	2 बड़े चम्मच		

विधि-

- घिया (लौकी) को धो पोंछकर डेढ़ इंच के टुकड़ों में काट लें।
- 6 मिनट हाई मोड पर ढक कर सिरके के साथ पकायें।
- 2 मिनट छोड़कर हटा लें, ठण्ढा होने दें।
- हीट प्रूफ प्लेट में सरसों, लाल मिर्च व मेथी डालकर हाई मोड पर डेढ़ मिनट गरम करें।
- चौथाई कप सिरके में लहसुन, अदरक डालकर महीन पेस्ट बना लें।
- उबली लौकी के टुकड़ों में पेस्ट मिलाकर साफ काँच के जार में भर लें।
- जार का मुँह मलमल के साफ़ कपड़े से बन्द कर लें। दो-चार दिन धूप दिखायें। फिर अपने भोजन में शामिल कर स्वाद बढ़ायें।

गाजर और गोभी का अचार

सामग्री- **समय- 29 मिनट माइक्रो**

गोभी	1 किलो	गाजर	1 किलो
सरसों तेल	400 ग्राम	कद्दूकस किया हुआ गुड़	150 ग्राम

मेथी	3 छोटे चम्मच	टेबल सिरका	250 ग्राम
प्याज	2	अदरक	50 ग्राम
लहसुन	50 ग्राम	लाल मिर्च पाउडर	1 बड़े चम्मच
नमक	स्वादानुसार	मिक्स मसाला पाउडर (बगैर धनिया)	2 बड़े चम्मच

विधि-

- एक बड़े माइक्रो सुरक्षित बाउल में 6 कप पानी डालकर 10 मिनट हाई मोड पर उबालें।
- उसमें गाजर के टुकड़े डालकर 2 मिनट उबालें और टुकड़ों को छानकर अलग रख लें तथा पेपर पर फैलाकर दो घण्टे सूखने दें।
- उसी पानी को एक कप और पानी डालकर 8 मिनट के लिए हाई मोड पर उबालें। उसमें गोभी के टुकड़े डालकर 2 मिनट हाई मोड पर रखें।
- पानी तुरन्त छान लें और टुकड़ों को पेपर पर 2-3 घण्टे सूखने दें।
- कद्दूकस किये हुए गुड़ और सिरके को मिलाकर 3 मिनट के लिए हाई मोड पर रखें।
- तेल को गैस पर धुँआ आने तक गरम करें।
- मेथी को 1 मिनट के लिए हाई मोड पर भूनें, फिर सिरके, प्याज, लहसुन, अदरक के साथ इसे पीस लें।
- पेस्ट और तेल एक बड़े बाउल में मिलायें और 3 मिनट हाई मोड पर रखें।
- सूखे मसाले, नमक, मिर्च पाउडर, सिरका, गुड़, प्याज के पेस्ट में मिलायें।
- तैयार मसाले में गोभी-गाजर के टुकड़ें मिलायें।
- ठण्ढा करें और काँच के साफ जार में भर लें।
- यह 3-4 दिनों में तैयार हो जाता है, बशर्तें मलमल के कपड़े से मुँह ढक कर यह अचार 3-4 दिन धूप दिखा दें और हिला लें।

प्रयोग-

- पराठे / पूरी हो या दाल-चावल सभी के साथ यह मजेदार स्वाद देता है।
- विविधता के लिए हम दूसरी सब्जियों का अचार भी इसी विधि से तैयार कर सकते हैं।

झींगा अचार (नॉनवेज)

सामग्री- **समय- 10 मिनट**

झींगा	250 ग्राम	हरी मिर्च	4
सिरका	2 बड़े चम्मच	हींग	½ छोट चम्मच
लहसुन, अदरक पेस्ट	100 ग्राम	इमली	50 ग्राम
लाल मिर्च पाउडर	2 छोटा चम्मच	हल्दी	½ छोटा चम्मच

विधि-

- एक कप पानी को री-हीट मोड पर 1 मिनट रखें।

- उसमें इमली भिगो कर अलग रख दें।
- झींगे को साफ करके धो लें और सिरके व नमक के साथ 30 मिनट के लिए मेरिनेड कर दें।
- दो बड़े चम्मच तेल में सरसों और मेथी का तड़का तैयार करें।
- बचे हुए तेल के साथ हरी मिर्च, लहसुन अदरक पेस्ट, लाल मिर्च, हल्दी पाउडर, 1 छोटा चम्मच नमक और हींग पाउडर एक माइक्रो सुरक्षित बाउल में डालकर हाई मोड पर 2 मिनट रखें और तड़का डाल दें।
- इमली को मसलकर गाढ़ा पेस्ट छानकर तैयार कर लें और पहले वाले पेस्ट में मिला लें।
- झींगे को निकाल कर इस पेस्ट में मिला लें और ढक कर 7 मिनट हाई मोड पर पका लें।
- 5 मिनट वैसे ही छोड़ दें।
- ठण्ढा होने पर काँच के जार में भर कर फ्रिज में रखें।

प्रयोग-

- 10 दिन तक रोटी / पूरी / पराठे किसी के साथ इसका आनन्द उठायें। यह खराब नहीं होगा।

❖❖❖

सूप और सैलेड

बादाम सूप

सामग्री- **समय- 8-10 माइक्रो**

बादाम पेस्ट	½ कप	ह्वाइट सॉस	1 कप
वेज/नॉनवेजस्टॉक/पानी	4 कप	बादाम एसेंस	4 बूँद
बादाम	6	दूध	1 कप
सफेद मिर्च पाउडर	1-2 छोटा चम्मच	नमक	स्वादानुसार

विधि-

- ½ कप पानी में 6 बादाम डालकर उबालें और छिलके उतार लें।
- हाई मोड पर स्टॉक को 2 मिनट गरम करें।
- बादाम पेस्ट, दूध, ह्वाइट सॉस मिक्सर में घुमा लें।
- स्टॉक को चलायें और मोटी छन्नी से छान लें।
- 3-4 मिनट 'री-हीट' करें।
- एसेंस डालें और सर्व करें।

मसूर दाल का शाही सूप

सामग्री- **समय- 30 मिनट माइक्रो**

मसूर दाल	आधा कप	मिली-जुली सब्जियाँ	1 कप
मैदा	2 बड़े चम्मच	अदरक, लहसुन पेस्ट	1 छोटा चम्मच
पानी	4 कप	मक्खन	2 बड़े चम्मच
जायफल पाउडर	1 चुटकी	पार्सले	3 डण्डियाँ
जीरा	¼ छोटा चम्मच	हींग	1 चुटकी
नमक	स्वादानुसार	पनीर सजावट के लिए	थोड़ा-सा

विधि-

- 30 मिनट के लिए मसूर दाल भिगो दें।
- एक माइक्रो सुरक्षित बाउल में एक कप पानी और अदरक, लहसुन के पेस्ट के साथ 6 मिनट के लिए हाई मोड पर दाल को ढक कर पका लें।
- पार्सले को बारीक काट लें और पनीर को कद्‌दूकस करके अलग रख लें।
- दाल को बाहर निकालें और एक कप पानी डाल कर पीस लें।
- बचे पानी को 1 मिनट हाई मोड पर रखें और 2 मिनट के लिए सब्जियों को उसमें डाल लें।
- एक माइक्रो सुरक्षित बाउल में मक्खन 1 मिनट के लिए हाई मोड पर गरम करें, उसमें मैदा मिलाकर चलायें, 2 मिनट पका लें।
- थोड़ा-थोड़ा गरम पानी डालते हुए उसका पेस्ट बना लें। 3 मिनट पकायें। बीच में एकाध बार हिला लें।
- नमक व मिर्च के साथ मसूर दाल उसमें मिलाकर अच्छी तरह घुमा लें कि एकाकार हो जाये।
- गैस पर तड़का तैयार कर लें, मक्खन गरम करें, जीरा चटका लें और कतरा हुआ लहसुन सुनहरा कर लें। हींग डाल कर सूप में डालें।
- जायफल पाउडर डालकर थोड़ी देर सूप को ढक कर रख दें।
- पार्सले / धनिया की पत्ती और कद्‌दूकस की हुई चीज़ से सजाकर गरमा-गरम परोसें।

नोट- *कुरकुरे पतले टोस्ट अथवा पापड़ के साथ जायका लें।*

विविधता के लिए-

- फूली मूँग दाल और फूले काले चने का सूप भी हम इस विधि से तैयार कर सकते हैं। बस मूँग की दाल को 6 मिनट हाई और 15 मिनट मीडियम मोड पर उबालें तथा काले चने को 30 मिनट हाई मोड पर उबालें। मसल कर छान लें, फिर विधिवत् सूप तैयार करें।
- चाहें तो मैदे के स्थान पर एक उबला बड़ा आलू मसल कर मिला लें। अथवा मैदे के स्थान पर कार्नफ्लोर का प्रयोग करें।
- बीमार को देना हो तो, मैदा / कार्न फ्लोर कुछ न डालें, केवल हींग और जीरे का तड़का लगा कर दें। यह बहुत ही स्वास्थ्यवर्धक है।

मिक्सड वेजिटेबल सूप

सामग्री- **समय- 14 मिनट माइक्रो**

टमाटर	3 बड़े	गाजर	1
आलू	1	चुकन्दर	1 छोटा
प्याज	1	पत्ता गोभी	1 कप (कटी हुई)
ताजा नारियल	¼ भाग	अदरक	1 इंच
लहसुन	6 फाँक	पानी	5 कप
जीरा	1 छोटा चम्मच	हरी धनिया	¼ कप
क्रीम	2 बड़े चम्मच	मक्खन	1 छोटा चम्मच
हींग	¼ छोटा चम्मच		

विधि-

- टमाटर को छोड़ सारी सब्जियों को धोकर, छीलकर छोटे-छोटे टुकड़ों में काट लें।
- टमाटर को भी अलग से धोकर छोटे टुकड़ों में काट लें।
- माइक्रो सुरक्षित बाउल में 1 कप पानी के साथ सभी सब्जियों तथा बारीक किये अदरक-लहसुन को डालकर 6 मिनट हाई मोड पर पकायें।
- 5 कप पानी मिलाकर सब्जियों को चलनी से छान कर, पानी व सब्जी अलग कर लें।
- सब्जियों को मिक्सर में डाल कर प्यूरी बना लें।
- सूप में उसको अच्छी तरह मिला लें।
- नमक-मिर्च डालकर हाई मोड पर 8 मिनट उबालें।
- मक्खन गरम कर जीरे-हींग का तड़का दें और कटा धनिया बुरक दें।
- क्रीम डालकर सूप बाउल में गरम सर्व करें, साथ में सूपस्टिक रखें।

विशेष-

- शरीर में पोटैशियम व ज़िंक की ज़रूरत को पूरा करना हो, तो आलू-चुकन्दर को छिलके सहित पकायें।

विविधता के लिए-

- यदि आप 'नानवेजी' हों, तो चिकन/मटन का स्टॉक पानी के स्थान पर डाल सकते हैं। जायका और भी बढ़ जायेगा।

नींबू का रसम सूप

सामग्री- **समय- 30 मिनट**

दाल अरहर	1 कप	इमली	आधी कटोरी
नींबू का रस	¼ कप	धनिया साबुत	1 बड़ा चम्मच
लाल मिर्च साबुत	3	हींग	½ छोटा चम्मच

तेल	1 छोटा चम्मच	काली मिर्च	12
हल्दी	1 छोटा चम्मच	जीरा	1 बड़ा चम्मच
सरसों	1 छोटा चम्मच	चनादाल	2 बड़ा चम्मच
कड़ीपत्ता	4 डण्डी		

विधि-

- सूखी इमली को 15 मिनट गुनगुने पानी में भिगो दें।
- 2 कप पानी में अरहर दाल को हाई मोड पर रखते हुए 20 मिनट पकायें।
- इमली मसल कर गाढ़ा पानी छान कर रख लें।
- हींग व हल्दी को छोड़ कर सारे मसाले 2 मिनट के लिए हाई मोड पर पेपर बैग में भून लें।
- उबली दाल को अच्छी तरह चलाकर बराबर कर लें।
- 4 कप पानी डालकर दाल व सूप छान लें।
- नींबू का रस व इमली पानी व दाल सूप में मिला लें।
- रसम पाउडर मिलाकर 8-10 मिनट हाई मोड पर उबालें।
- सरसों करी पत्ती और हींग का तड़का डालें।
- गरमा-गरम परोसें।

विविधता के लिए-

- नींबू की जगह ½ टमाटर की प्यूरी भी डाल सकते हैं।

वेज / चिकन / मटन स्टॉक का जायकेदार दूधिया सूप

सामग्री- **समय- 10 मिनट माइक्रो**

उबला दूध	3 कप	मक्खन	2 बड़े चम्मच
प्याज बारीक कटा	1	लहसुन कतरे	1 बड़ा चम्मच
सफेद मिर्च पाउडर	2 छोटे चम्मच	स्टॉक	1 कप
कार्न फ्लोर	1 बड़ा चम्मच	अदरक कतरे	2 बड़े चम्मच
हल्दी पाउडर	1 छोटा चम्मच	छिली बादाम गिरी	10
हरी धानिया कटी	2 बड़े चम्मच	नमक	स्वादानुसार

विधि-

- मक्खन को माइक्रो सुरक्षित बाउल में 1 मिनट हाई मोड पर गरम कर, कटे हुए प्याज, लहसुन मिलाकर 2 मिनट हाई मोड पर रसें। बीच में हिला लें।
- बाउल बाहर निकालें और हल्दी-अदरक मिलाकर 1 मिनट हाई मोड पर रखें।
- कार्नफ्लोर छिड़क कर मिलायें अथवा पतला घोल बनाकर डालें। गाँठ नहीं पड़नी चाहिए।

- दूध, स्टॉक और नमक व मिर्च डालकर 6 मिनट हाई मोड पर रखें। फिर हिलाकर 4 मिनट के लिए और थोड़ी देर रखें।
- आधे बादामों को डाल कर 4 मिनट उबालें।
- बाकी बादाम और कटी धनिया से सजाकर यह जायकेदार सूप, बाउल में डालकर गरमा-गरम परोसें।

मटन/चिकन सूप स्पेशल

सामग्री- **25-30 मिनट**

मटन/चिकन	200 ग्राम	स्टॉक	800 मिली मी.
नींबू	1	अदरक, लहसनु पेस्ट	1 बड़ा चम्मच
हल्दी	1 चुटकी	नमक	स्वादानुसार
काली मिर्च	10	सौंफ	1 चुटकी
धनिया पाउडर	1 छोटा चम्मच	नारियल का दूध गाढ़ा	2 कप
मेथी दाना	1 चुटकी	टमाटर	200 ग्राम
कढ़ीपत्ता	8-10 पत्ती	प्याज	1 छोटा
उबले चावल	¼ कप	तेल	1 बड़ा चम्मच

विधि-

- टमाटर-प्याज काट लें और नींबू निचोड़ कर अलग रख लें।
- मटन को एक इंच के टुकड़ों में काट लें।
- आधा स्टॉक एक माइक्रो सुरक्षित बाउल लें और 5 मिनट के लिए हाई मोड पर पकायें। 10 मिनट लो मोड पर रखें। यदि चिकन ले रहे हों, तो हाई मोड पर पकायें और 7 मिनट लो मोड पर रखें।
- टमाटर को दूसरे बाउल में रखें। भुना मसाला, हल्दी, सौंफ, मेथी, अदरक-लहसुन पेस्ट, आधा कटा प्याज, हरी पत्ती, नमक सब मिला लें।
- शेष स्टॉक डालकर ढक दें और 8 मिनट पकायें।
- ढक्कन हटा कर सब्जियों को मसल लें। छानकर स्टॉक अलग रख लें।
- नारियल दूध, नींबू रस और नमक सूप में मिलायें।
- तेल गरम करें और प्याज का तड़का तैयार कर सूप पर डालें।
- 5 मिनट सूप गरम करें और तुरन्त सर्व कर दें।
- बराबर मटन / चिकन के टुकड़े डालकर, उबले चावल से सजाकर अलग-अलग बाउल में परोसें।

विशेष-

- अँग्रेजों के जमाने में दक्षिण भारतीय मूल के इस सूप को 'मल्ली गुटावनी सूप (Mulli gutawany)' नाम दिया गया था।

बींस सैलेड

सामग्री- **समय- 6 मिनट माइक्रो**

फ्रेंच बींस	500 ग्राम	हरी मिर्च	3
कटी धनिया	¼ कप	नारियल कद्दूकस किया हुआ	½ कप (इच्छानुसार)
मिर्च पाउडर	1 छोटा चम्मच	सरसों	1 छोटा चम्मच
हींग	1 चुटकी		

विधि-

- बींस को साफ कर लें और आधा इंच के टुकड़ों में काट लें।
- स्टीमिंग बास्केट में ढक कर 5 मिनट हाई मोड पर रखें।
- 3 मिनट वैसे ही छोड़ दें।
- हरी मिर्ची को बारीक काट लें।
- नारियल कद्दूकस कर लें।
- तेल में सरसों चटका कर हरी मिर्च और कढ़ी पत्ता डालकर, गैस पर तड़का तैयार करें। हींग डाल कर उसे बींस पर डालें।
- नमक, काली मिर्च पाउडर मिला दें।
- कद्दूकस किये नारियल से सजायें तथा चावल और नॉनवेज करी के साथ सर्व करें।

विविधता के लिए-

- बींस की जगह पत्ता गोभी को स्टीमिंग बास्केट में 3 मिनट हाई मोड पर पकायें। शेष इसी विधि से बनायें।

अंकुरित मूँग और गाजर सैलेड

सामग्री- **समय- 6 मिनट माइक्रो**

साबुत अंकुरित मूँग	2 कप	हरी प्याज कटी हुई	1 कप
हरी धनिया कटी हुई	¼ कप	चिली गारलिक सॉस	1 छोटा चम्मच
मिर्च पाउडर	1 छोटा चम्मच	सरसों	1 छोटा चम्मच
नमक	स्वादानुसार	कटे गाजर	2 कप
नारियल कद्दूकस किया हुआ	¼ कप	हरी मिर्च कटी हुई	2–3
मूँगफली भींगी हुई	½ कप	नींबू रस	2 बड़े चम्मच
तेल	2 बड़े चम्मच	हींग	¼ छोटा
चम्मच	कटे टमाटर	2	

विधि-

- स्टीमिंग बास्केट में अंकुरित मूँग रखकर 3 बड़े चम्मच पानी छिड़क दें।
- हाई मोड पर 2 मिनट पकायें।
- माइक्रो सुरक्षित बाउल में 1 चम्मच तेल 1 मिनट तक हाई मोड में गरम करें।
- कटी हुई मिर्च डालकर 1 मिनट हाई मोड पर पकायें।

- उसमें अंकुरित मूँग, नींबू का रस, चिली गारलिक सॉस, नमक, मिर्च डाल कर अच्छी तरह हिलायें।
- ढक्कन हटा कर कद्दूकस की हुई गाजर, भींगी हुई मूँगफली, कटे प्याज व हरा धनियाँ डालकर मिलायें।
- सर्व करने से पहले 15 मिनट ठण्ढा होने दें।
- गहरी डिश में सैलेड डाल कर, नारियल बुरक कर अलग रख दें।
- 1 बड़े चम्मच तेल में सरसों चटका कर तड़का तैयार करें। उसमें हींग डालकर सैलेड पर डालें।
- ठण्ढा होने पर टमाटर से सजाकर पेश करें।

विशेष-

- यह डिश सुपाच्य व स्वास्थ्यवर्धक है। वेजिटेबल सूप तथा टोस्ट के साथ यह पूर्ण आहार का काम करती है।
- सुबह के नाश्ते में चाय के साथ भी हम इसका मज़ा ले सकते हैं।

❖❖❖

ब्रेकफास्ट की डिशें

भारत में सुबह के नाशते में स्टफ्ड (भरवाँ) पराठा बहुत लोकप्रिय है, जिसमें आलू, गोभी, मूली व पनीर की स्टफिंग बहुत पसन्द की जाती है। सुबह आपको जल्दी है, आप गैस पर कुछ बना रहें हों, तो ऐसे में माइक्रोवेव आपकी मदद करेगा। आप उसमें कुछ पकने को रख दें, वह अपना काम करता रहेगा, समय की बचत हो जायेगी।

माइक्रो में स्टफिंग : तैयारी

आलू स्टफिंग

सामग्री- **समय- 8-10 मिनट माइक्रो**

आलू	1 *किलो*	*गरम मसाला*	1½ *छोटा चम्मच*
कटी हुई हरी मिर्च	6-7	*भुना पिसा अनार दाना*	1½ *छोटा चम्मच*
अजवाइन	¾ *छोटा चम्मच*	*अथवा अमचुर*	
सोंठ	¾ *छोटा चम्मच*		

विधि-

- *आलुओं को छीलकर धो लें और आधे-आधे काटकर माइक्रो सुरक्षित बाउल में रखें अथवा स्टीमिंग बास्केट का प्रयोग करें और ¼ कप पानी डालकर हाई मोड पर 10 मिनट के लिए रख दें।*
- *आलुओं को अच्छी तरह मसलें।*
- *बाउल में तेल अजवाइन डाल कर 1 मिनट बिना ढके रखें। फिर मसले हुए आलुओं को मीडियम मोड पर 1-2 मिनट रहने दें। बीच में चला लें।*

- *ठण्डा होने पर सारी सामग्री मिलायें और 8-10 भागों में बाँट लें। आपके पराठों के लिए आलू की स्टफिंग तैयार है।*

टिप्स-

- *ठण्ढे होने पर मसाले मिलाने से फिलिंग गीली नहीं होगी और पराठे फटेंगे नहीं।*
- *यदि फिर भी बेलने में फट रहे हों, तो आलुओं में थोड़ा आटा मिला कर सूखा कर लें।*
- *प्याज से परहेज न हो, तो अधिक स्वाद के लिए एक मध्यम आकार के प्याज को चौकोर छोटे-छोटे टुकड़ों में काटकर स्टफिंग में मिला लें।*

मूली की स्टफिंग

सामग्री- **समय- 6-7 मिनट माइक्रो**

छोटे पत्तेवाली मूली	6	*अमचुर पाउडर*	1 छोटा चम्मच
अजवाइन	1 छोटा चम्मच	*तेल*	2 बड़े चम्मच
कटी हुई हरी मिर्च	5-6	*काला नमक*	1 छोटा चम्मच
सोंठ	1 छोटा चम्मच	*नमक*	स्वादानुसार

विधि-

- *पत्तों को अलग कर धुली-छिली मूली को 6 मिनट माइक्रो सुरक्षित डिश/बास्केट में रखकर हाई मोड पर स्टीम दें। ठण्डा होने पर कद्दूकस कर लें।*
- *एक माइक्रो सुरक्षित बाउल में तेल गरम कर अजवाइन डालें और बिना ढके हाई मोड पर एक मिनट के लिए रखें।*
- *मूली के पत्तों को महीन काट लें।*
- *तेल वाले बाउल में सारी सामग्री कद्दूकस की हुई मूली के साथ डाल कर अच्छी तरह चला लें।*
- *एक मिनट के लिए उसे फिर मीडियम मोड पर रखें। फिर चला लें। ठण्डा होने दें।*
- *ठण्ढा होने पर भी स्टफिंग गीली लगे, तो थोड़ा आटा मिला लें।*

नोट- यदि कच्ची मूली कद्दूकस करने के बाद माइक्रो करते हैं, तो 4 मिनट हाई मोड पर रखें। पर इससे पहले निचोड़ कर उसका पानी निकाल लें। मगर इसमें मूली की पौष्टिकता अत्यधिक नष्ट हो जाती है।

गोभी की स्टफिंग

सामग्री- **समय- 6-10 मिनट माइक्रो**

गोभी बड़ी	1	*कटी हुई हरी मिर्च*	4-6
कतरे हुए अदरक	2 छोटे चम्मच	*अमचुर पाउडर*	1 छोटा चम्मच
कटी हुई हरी धनिया	¼ कप	*अजवाइन*	½ छोटा चम्मच
तेल	1 बड़ा चम्मच	*नमक*	स्वादानुसार

विधि-

- *गोभी कद्दूकस करके पानी निकाल लें और माइक्रो सुरक्षित बाउल में तेल गरम कर अजवाइन डालें। एक मिनट हाई मोड पर बिना ढके रखें। गोभी डालकर 4 मिनट हाई मोड पर बिना ढके रखें अथवा यदि*

पानी नहीं निकालना चाहते, तो 6 मिनट हाई मोड पर गोभी को बिना कद्दूकस किये रखें और बाद में कद्दूकस कर लें।

- इसे उसी तरह अजवाइन तेल में गरम कर गोभी डालें और 1-2 मिनट मीडियम मोड में रखें। बीच-बीच में चला लें।
- हटा कर ठण्ढा करें और सभी मसाले अच्छी तरह मिला लें। गोभी की फिलिंग तैयार है।

पनीर स्टफिंग

विधि- **समय- 20 मिनट**

- गोभी जैसे ही मसालों के साथ पनीर स्टफिंग भी तैयार कर सकते हैं। पनीर में मीठापन होने की वजह से थोड़ा लाल मिर्च पाउडर का भी समावेश कर लें।
- पनीर बनाने के लिए एक लीटर दूध को मिडियम मोड पर 15 मिनट के लिए रख दें। उबले दूध में 2 बड़े चम्मच नींबू का रस डालकर 5 मिनट हाई मोड पर गरम करें। दूध फट कर छेना अलग हो जायेगा।
- महीन कपड़े अथवा छन्नी से पनीर छान कर निकाल लें। 30 मिनट में पानी निकल जायेगा।

अण्डा स्टफिंग

विधि-

- पनीर की जगह उबले अण्डे कद्दूकस करके गोभी जैसे ही अजवाइन का तड़का देकर वे सारे मसाले मिला लें।
- बारीक चौकोर कटा 1 प्याज और लालमिर्च स्वादानुसार डाल लें।

सैण्डविच फिलिंग / अण्डा फिलिंग

सामग्री- **समय- 5 मिनट**

अण्डे	3	मेयोनीज	¼ कप
चिली गारलिक सॉस	1 बड़ा चम्मच	टोमैटो सॉस	1 बड़ा चम्मच
सरसों सॉस	1 बड़ा चम्मच		

विधि-

- अच्छी तरह उबाले हुए 3 अण्डे लें। उन्हें कद्दूकस करें।
- ¼ कप मेयोनीज, 1 बड़ा चम्मच चिली गारलिक, 1 बड़ा चम्मच टोमैटो सॉस और 1 बड़ा चम्मच सरसों सॉस मिलाकर ब्रेड स्लाइल पर लगाकर स्वादिष्ट सैण्डविच बनायें।
- चाहें तो ब्रेड टोस्ट करके फिलिंग करें।

चिकन फिलिंग

सामग्री- **समय- 10 मिनट माइक्रो**

उबले चिकन के महीन कतरे	2 कप	सेलेरी बारीक कटी	1 बड़ा चम्मच
मेयोनीज़	¼ कप		

विधि-

- माइक्रो सुरक्षित बाउल में चिकन को 10 मिनट हाई मोड पर स्टीम कर लें। फिर उसके महीन कतरे कर सारी सामग्री उसमें मिला दें। सैण्डविच के लिए चिकन फिलिंग तैयार है।

उत्तपम

सामग्री- **समय 2½-3 मिनट माइक्रो**

डोसा बैटर	500 ग्राम	टमाटर बारीक कटा हुआ	2
हरा धनिया बारीक कटा हुआ	½ कप	हरी मिर्च बारीक कटी हुई	4
तेल	2 बड़े चम्मच	प्याज महीन कटा हुआ	1
नमक	स्वादानुसार		

विधि-

- पाइ प्लेट में थोड़ा तेल लगा कर रख दें।
- कटी सब्जियों को 1 चम्मच तेल और हल्का नमक डालकर मिला लें।
- बैटर में 1½ बड़े चम्मच और स्वादानुसार नमक मिलायें।
- ¼ कप बैटर पाय प्लेट पर डालें और घुमायें तथा मुट्ठी पर सब्जियाँ उस पर फैलाकर डाल दें।
- हाई मोड पर 2½ से 3 मिनट पकायें।
- 2 मिनट छोड़ दें।
- फिर स्पेट्यूला से सर्विंग प्लेट में निकाल लें। ऐसे ही एक-एक करके सारे उत्तपम बना लें।
- नारियल की चटनी अथवा कद्दू की चटनी के साथ मजे से खायें-खिलायें।

आलू की चटपटी करी

सामग्री- **समय- 21 मिनट माइक्रो**

आलू	750 ग्राम	टमाटर प्यूरी	¼ कप
कसूरी मेथी	1 बड़ा चम्मच	गरम मसाला	1 छोटा चम्मच
काजू पेस्ट	¼ कप	लाल मिर्च सॉस	1 बड़ा चम्मच
बेसन	1 बड़ा चम्मच	हल्दी	½ छोटा चम्मच (ऐच्छिक)

विधि-

- आलू को छील कर छोटे-छोटे टुकड़े काट लें। 5 मिनट हाई मोड पर रखकर स्टीम दें।
- 3 मिनट के बाद मैशर से हल्का-हल्का मसल लें।
- माइक्रो सुरक्षित बाउल में ढक कर 1 मिनट हाई मोड पर तेल गरम करें।
- मेथी की पत्तियाँ, गरम मसाला, हरी मिर्च, हल्दी, बेसन डालकर ढकें और 2 मिनट हाई मोड पर पकायें।

- काजू का पेस्ट, टमाटर की प्यूरी और चिली सॉस मिलाकर अच्छी तरह हिलायें। ढक कर हाईमोड पर 3 मिनट पकायें।
- स्टीम किये (उबले) आलू, नमक और पानी बाउल में डालकर चलायें और ढक दें।
- 10 मिनट में डिश तैयार हो जायेगी। 3 मिनट के लिए छोड़ दें।
- ऊपर से 1 छोटा चम्मच तेल में सरसों चटका कर हींग डालें और पके आलुओं पर डाल लें।
- धनिया की पत्ती से सजा कर परोसें।

मिल्क बादाम

सामग्री- **समय- 20 मिनट माइक्रो**

गुनगुना दूध	1 लीटर	देशी घी	2-3 छोटे चम्मच
चीनी	6 छोटे चम्मच (स्वादानुसार)	बादाम	12-15
		हरी इलायची	6

विधि-

- इलायची के दाने निकाल कर अलग रख लें।
- बादाम को अच्छी तरह पीस लें।
- एक बड़े माइक्रो सुरक्षित बाउल में हाई मोड पर 6 मिनट के लिए दूध गरम करें।
- घी को गरम करें तथा पिसे बादाम और इलायची को 1 मिनट हाई मोड पर पकायें।
- इस मिक्सचर को गरम दूध में डालें और लो मोड पर 13 मिनट उबालें।
- चीनी मिलाकर ग्लासों में नाश्ते के साथ सर्व करें।

नोट- यह बहुत ही स्वास्थ्यवर्धक पेय है। विशेषकर ठण्ढ के मौसम में यह बहुत लाभकारी है।

हर्बल टी

सामग्री- **समय- 20 मिनट माइक्रो**

तुलसी पत्ते	¼ कप	काली मिर्च	10-15
शहद	1 छोटा चम्मच	अदरक कतरा हुआ	1
अजवाइन/सौंफ	1 छोटा चम्मच	पानी	4-5 कप

विधि-

- शहद को छोड़ शेष सभी सामग्री मिलाकर एक माइक्रो सुरक्षित बाउल में डालकर हाई मोड पर 8 मिनट, फिर लो मोड पर 12 मिनट पका लें।
- बाहर निकालें और 30 मिनट ढक कर छोड़ दें।

  छानकर अलग-अलग कपों में डालें और एक छोटा चम्मच शहद हर कप में डाल दें।

नोट- छने मसाले को फेंके नहीं, एक कप पानी डालकर उसे फ्रिज में रख लें। 6 मिनट के लिए हाई मोड पर रखकर दोबारा चाय बना सकते हैं।

- यह स्वास्थ्य के लिए विशेष गुणकारी है। मौसम बदलाव, सर्दी जुकाम, जोड़ों के दर्द व पाचन शक्ति के लिए लाभदायक है।

विविधता के लिए-

- *पुदीने की कुछ पत्तियाँ अथवा नींबू की पत्तियाँ भी मसाले में मिलायी जा सकती हैं। इसका कुछ भिन्न स्वाद होगा।*

जई का दलिया (ओट्स पॉरिज)

सामग्री- **समय- 7 मिनट**

जई का दलिया	1 *कप*	*चीनी*	¼ *कप*
पानी	2 *कप*	*दूध*	2 *कप*

विधि-

- *बड़े माइक्रो सुरक्षित बाउल में दलिया, दूध और पानी डालें और ढक कर 6 मिनट के लिए हाई मोड पर पकायें।*
- *चीनी मिलाकर 1 मिनट पकायें।*
- *अतिरिक्त गरम दूध और चीनी के साथ सर्व करें।*

विविधता के लिए-

- *जई की जगह गेहूँ का दलिया ले सकते हैं।*
- *एक कप गेहूँ का दलिया चार कप पानी के साथ 15 मिनट हाई मोड पर पकायें।*
- *3 मिनट के लिए छोड़ दें।*
- *अतिरिक्त गरम दूध और चीनी के साथ सर्व करें।*

अण्डे का पोच

सामग्री- **समय- 5 मिनट माइक्रो**

अण्डे	*4*	*पानी*	8 *बड़े चम्मच*
सफेद सिरका	1 *बड़ा चम्मच*	*छोटे माइक्रो सुरक्षित बाउल*	6 *4*

विधि-

- *दो बड़े चम्मच पानी में ¼ छोटे चम्मच सिरके के साथ प्रत्येक बाउल में डाल कर, हाई मोड पर 1-2 मिनट रखें।*
- *अण्डे को तोड़कर उनमें डालें और फटे नहीं, इसलिए पोच में टूथ प्रिक से छेद कर लें।*
- *बाउलों को ढक कर रोटेटिंग प्लेट पर 1 इंच गैप रखते हुए रखें। मीडियम मोड कर 2½ मिनट पकने दें।*
- *सर्व करने से पहले 2 मिनट छोड़ दें।*
- *नमक और काली मिर्च छिड़क कर मक्खन टोस्ट के साथ परोसें।*

अण्डे की भुर्जी

सामग्री- **समय- 8 मिनट**

अण्डे	8	हरी पत्तेदार प्याज कटी हुई	1 कप
हरी मिर्च	3	अदरक	1 इंच टुकड़ा
हरा धनिया	¼ कप	मक्खन / तेल	4 बड़े चम्मच
टमाटर	3	काली मिर्च पाउडर	1 छोटा चम्मच
दूध	¼ कप	नमक	स्वादानुसार

विधि-

- हरी मिर्च, टमाटर, प्याज व हरा धनिया बारीक काट लें।
- अदरक के छोटे कतरे कर लें।
- अण्डे की सफेदी फेंट लें, फिर जर्दी, दूध, नमक और मिर्च डाल कर फेंट लें।
- मक्खन को माइक्रो सुरक्षित बाउल में 1 मिनट हाई मोड पर गरम करें।
- कटी हुई सारी सामग्री उसमें डाल कर, हाई मोड पर रखते हुए 2 मिनट के लिए पकने दें।
- फेंटा हुआ अण्डा मिक्सचर डाल कर, हाई मोड पर 5 मिनट रखें। 2-2 मिनट पर चला लें।

प्रयोग-

- ब्रेड / पूरी अथवा पराठे के साथ तैयार अण्डा-भुर्जी के मज़े लें और लोगों को भी आनन्द दिलायें।

विविधता के लिए-

- उबली मटर अथवा चीज़ जलकर अण्डा-भुर्जी स्वाद में विविधता लायी जा सकती है।

झींगा टोस्ट

सामग्री- **समय- 7 मिनट**

झींगा मछली	300 ग्राम	हरी प्याज	6
लहसुन कली	8	पार्सले/हरी धनिया कटी हुई	3 बड़े चम्मच
टमाटर प्यूरी	¼ कप	मक्खन	3 बड़े चम्मच
चीज़ कद्दूकस किया हुआ	6 बड़े चम्मच	सिरका	¼ कप
अदरक	2 इंच टुकड़े	हरी मिर्च	4
काली मिर्च पाउडर	2 छोटा चम्मच	चीनी	1 छोटा चम्मच
ब्रेड पीस	12	नमक	स्वादानुसार

विधि-

- साफ करके झींगे को धो लें।
- फिर झींगे को सिरके, नमक व मिर्च पाउडर मिलाकर एक-आध घण्टे रखें।
- हरी प्याज, हरी मिर्च, अदरक, लहसुन महीन काट लें।
- चलनी से छान कर झींगे का पानी अलग कर दें।

- 1½ बड़े चम्मच मक्खन हाई मोड पर 1 मिनट रखें।
- प्याज, हरी मिर्च, अदरक डालकर हाई मोड पर 2 मिनट पकायें।
- झींगा, नमक, मिर्च, चीनी, टमाटर, प्यूरी, प्याज का मिक्सचर डालकर ढक कर 3 मिनट माइक्रो में पकायें।
- ½ चम्मच मक्खन गैस पर गरम करके, लहसुन गुलाबी कर लें।
- झींगे पर डालकर चला लें और ढक कर 1 मिनट हाई मोड पर रखें। 3 मिनट फिर वैसे ही छोड़ दें।
- ग्रिल कर ब्रेड स्लाइस को एक ओर टोस्ट कर लें।
- टोस्ट करने के बाद टोस्ट पलट कर झींगा मिक्सचर उस पर फैला लें और ½ बड़ा चम्मच बारीक कटा चीज़ छिड़कर 3 मिनट के लिए ग्रिल करें।
- टोमैटो सॉस के साथ लजीज़ झींगा टोस्ट गरमा-गरम परोसे।

विविधता के लिए-

- मशरूम टोस्ट बनायें।
- शाकाहारी लोग झींगे की बजाय मशरूम मिक्सचर इसी विधि से बना कर टोस्ट पर लगा सकते हैं।

❖❖❖

स्नैक्स और स्टार्टर

गरमा-गरम कैबेज रोल्स

सामग्री- **समय- 13 मिनट**

पत्ता गोभी के बड़े पत्ते	8-10	*कद्दूकस की गोभी*	½ *कप*
शिमला मिर्च कटी हुई	1	*हरी प्याज पत्तों के साथ*	इच्छानुसार
तेल	1 *बड़ा चम्मच*	*कटी गाजर*	2 *कप*
कद्दूकस की हुई चीज़	½ *कप*	*हरी मिर्च*	3-4
काली मिर्च पाउडर	1 *छोटा चम्मच*	*मक्खन*	1 *बड़ा चम्मच*
सरसों सॉस	1 *बड़ा चम्मच*	*क्रीम/ह्वाइट सॉस*	1 *कप*
नमक	*स्वादानुसार*		

विधि-

- *पत्तों को धो कर स्टीमिंग बास्केट में 4 मिनट के लिए हाई मोड पर रखें।*
- *5 मिनट बाद उन्हें हल्के से उठाकर किचेन के साफ सूखे कपड़े पर फैला दें।*
- *कटी गाजर, गोभी, शिमला मिर्च, स्टीम बास्केट में 2 मिनट हाई मोड पर रखें।*
- *हरी प्याज को धो कर काट लें।*
- *मक्खन, हरी मिर्च और धनिया मिलाकर हीट प्रूफ पर रखें और 2 मिनट हाई मोड पर बिना ढके पकायें।*
- *प्याज के मिक्चर में पकी सब्जियाँ मिलायें।*

- कसी चीज़, नमक व मिर्च डालकर अच्छे से चलायें। हल्का-सा तेल लगाकर एक ट्रे तैयार करें।
- पत्ता गोभी के वे पत्ते फैलाकर 1 बड़े चम्मच स्टफिंग उस पर फैला दें और मोड कर आधे-पौन इंच के रोल बना लें।
- हीट प्रूफ तेल की गयी गहरी डिश में रखकर फिलंग फिल्म से ढकें और हाई मोड पर 5 मिनट रखें।
- सरसों के सॉस वाले मिक्चर को उस पर फैलाकर सर्व करें।
- टोमैटो सॉस / टमाटर ग्रेवी के साथ परोसें।

विविधता के लिए-

- फिलिंग नॉन वेज भी कर सकते है। कसे हुए चीज़ के साथ उबले चिकन/फिश के टुकड़े डालकर फिलिंग बना लें।

स्टफ्ड मशरूम

सामग्री- **समय- 8 मिनट माइक्रो कुकिंग**

मशरूम बड़े	20	अण्डे	2
पुदीना कटा हुआ	2 बड़े चम्मच	कसा चीज़	3 बड़े चम्मच
प्याज	1	मिर्च पाउडर	1½ छोटा चम्मच
सिरका	2 बड़े चम्मच	तेल	1 छोटा चम्मच
नमक	चुटकी भर	सरसों पाउडर	1 चुटकी

विधि-

- मशरूम को धो लें और डण्डियाँ अलग कर दें।
- डण्डियों को महीन काट लें।
- प्रत्येक मशरूम कैप में पीलर से सँभाल कर फिलिंग के लिए जगह बना लें।
- एक मिनट हाई मोड पर मक्खन गरम करें।
- कटे प्याज और मशरूम को बारीक कटी डण्डियाँ डालकर बिना ढके हाई मोड पर 2 मिनट पकायें।
- अण्डा फेंटे और प्याज के मिक्सचर पर डाल दें।
- नमक, काली मिर्च पाउडर मिलायें। 2 मिनट मीडियम मोड पर रखें। बीच-बीच में हिलायें।
- ढक्कन हटा कर आधा कसा चीज़ और पुदीने के पत्ते अच्छी तरह मिला लें।
- मशरूम कैप को इस फिलिंग से सावधानी से भरें। हीट प्रूफ प्लेट में डालकर चीज़ उपर से छिड़क दें।
- उसे हाई मोड पर 3 मिनट पकने दें।

विविधता के लिए-

- अण्डे की जगह ब्रेड तथा पुदीना की जगह पार्सले इस्तेमाल कर सकते हैं।

प्रयोग-

- इसे स्टार्टर अथवा सलाद दोनों के रूप में सर्व किया जा सकता है। स्टार्टर के रूप में गरम और सलाद के रूप में ठण्ढा पेश करें।

मटर घुघनी

सामग्री- **समय- 6-7 मिनट**

हरी मटर के दाने	3 कप	मक्खन	1 बड़ा चम्मच
साबुत जीरा	½ छोटा चम्मच	नमक पाउडर	1 छोटा चम्मच
तेल	1 बड़ा चम्मच	हरी मिर्च कटी	2-3
अदरक कतरी हुई	¼ छोटा चम्मच	हींग	¼ छोटा चम्मच

विधि-

- तेल गरम कर 1 मिनट हाई मोड पर रखें।
- मटर, जीरा, अदरक, हरी मिर्च और नमक, मक्खन छोड़कर सभी सामग्री डालकर हिला लें।
- ¼ कप पानी डालकर हिला लें।
- हाई मोड पर 6 मिनट पकने दें। 3 मिनट ऐसे ही छोड़ दें।
- खोलकर कटी धनिया और जीरा पाउडर बुरक दें।
- चाय/कॉफी के साथ शाम के नाश्ते में भी गरमा-गरम परोस सकते हैं।

स्टीम्ड मूँगदाल खरड़े

सामग्री- **समय- 10 मिनट माइक्रो**

धुली मूँगदाल	1 कप	लहसुन	7-8 कली
चना दाल	¼ कप	काली मिर्च पाउडर	1 छोटा चम्मच
अदरक कतरा हुआ	1 बड़ा चम्मच	प्याज कटी हुई	1 छोटी
बेकिंग सोडा	¼ छोटा चम्मच	नमक	स्वादानुसार

विधि-

- ¼ कप पानी में मिक्सर की सहायता से सारी सामग्री डालकर महीन पेस्ट तैयार कर लें, फिर दो घण्टे के लिए छोड़ दें।
- माइक्रो सुरक्षित 8-9 इंच की डिश में पहले तेल लगा लें, फिर पेस्ट उसमें फैला लें।
- क्लिंग फिल्म से ढक कर 10 मिनट स्टीम दें। पहले 5 मिनट हाई मोड पर, बाद में 5 मिनट मीडियम मोड पर।
- 5 मिनट के लिए छोड़ दें।
- ढक्कन हटा कर घण्टे भर ठण्ढा होने दें।
- ½ या 1 इंच के टुकड़ों में काट लें।
- चटपटा बनाने के लिए दही, नमक, इमली की चटनी, चाट मसाला डाल कर 2 घण्टे छोड़ दें।
- फिर हरा कटा पुदीना बुरक कर चाट का मजा लें।

विविधता के लिए-

- चाहें तो टुकड़ों को फ्राई कर हरी चटनी से खायें अथवा टमाटर-प्याज की तरी में डालकर चपाती/पराठे से खायें।
- उत्तर-प्रदेश में मूँग के जैसे बेसन के खरड़े भी काफी प्रचलित हैं। इसमें बहुत कम समय लगता है।

गरमा-गरम लजीज़ भुट्टे

सामग्री- **समय- 5 मिनट माइक्रो/ ग्रिल एवं बैक 10 मिनट**

साफ भुट्टे	4	नींबू	1
सॉस/चटनी/कसा चीज़	1 कप	मक्खन	2 बड़े चम्मच
नमक	स्वादानुसार		

विधि-

- भुट्टे को साफ कर स्टीम बास्केट में 2 टुकड़ों में काट कर रखें।
- हाई मोड पर 5 मिनट पकायें।
- भाप में तैयार भुट्टे, नमक और नींबू लगाकर वैसे ही बड़े स्वादिष्ट होते हैं, पर चटपटे बनाने के लिए सॉस अथवा चटनी लगा कर सर्व करें।
- चीज़ी कार्न बनाने के लिए भुट्टे को बीच से लम्बे-लम्बे काटकर, हीट प्रूफ डिश में रखें और कसा हुआ चीज़ और काली मिर्च बराबर से छिड़क कर 5 मिनट ग्रिल मोड पर रखें। गरमा-गरम परोसें।
- ओवन में बनाने के लिए भुट्टे पर पिघला हुआ मक्खन चुपड़ दें, फिर कसा हुआ चीज़ डालकर 10 मिनट बेक करे।

स्पाइसी शकरकन्द और भुट्टे के दाने

सामग्री- **समय- 13 मिनट माइक्रो**

शकरकन्द	3 बड़े	भुट्टे के दाने	2 कप
हरा पुदीना / धनिया	¼ कप	चिली गारलिक सॉस	2 बड़े चम्मच
ताजा अनार दाने	1 कप	इमली चटनी	½ कप
चाट मसाला	स्वादानुसार	काली मिर्च पाउडर	1 छोटा चम्मच
खीरा कटा हुआ (चोकोर)	1	नमक	स्वादानुसार

विधि-

- शकरकन्द धो कर छिलके उतार कर रख लें।
- बीच से काट कर स्टीम बास्केट में ¼ कप पानी डालकर पहले 10 मिनट हाई मोड पर पकायें। 5 मिनट वैसे ही छोड़ दें।
- फिर उन्हें आधे इंच के टुकड़ों में काटकर ढक कर रख दें।

- धुले भुट्टे के दाने भी स्टीमिंग बास्केट में 3 मिनट के लिए हाई मोड पर रखें।
- एक बाउल में शकरकन्द और कार्नफ्लोर मिलायें। अनारदाने को छोड़कर सारे मसाले काँटे की सहायता से बराबर मिला लें।
- सर्विंग डिश में निकालें और अनारदाने तथा पुदीने की पत्तियों से सजायें।

पॉपकार्न

सामग्री- **समय- 5 मिनट**

सादे पापिंग कार्न (मक्के के दाने)	½	मक्खन	1 बड़ा चम्मच
		नमक	स्वादानुसार

विधि-

- बासी कागज़ अथवा सफेद मोटे पेपर के थैले में मक्के के दाने डालकर, पिघला मक्खन और नमक डालें और थैले का मुँह दो-तीन बार मोड़ लें। जिससे वह खुले नहीं।
- लिफाफे को अच्छी तरह हिला लें, जिससे मक्खन और नमक दानों पर लिपट जाये।
- 2½ मिनट तक हाई मोड पर रखें, जब तक पापिंग की आवाजें लगभग खत्म न हो जायें।
- तुरन्त पॉपकार्न बाहर निकालें और बाउल में डालकर गरमा-गरम सर्व करें।

विशेष-

- बारिश के दिनों में यह खूब मज़े देता है। इतने कम समय में घर बैठे गरम बढ़िया स्वाद का जवाब नहीं।

नॉनखताई

सामग्री- **समय- 15-20 मिनट**

मैदा	2 कप	पिसी चीनी	1 कप
इलायची पाउडर	2 छोटा चम्मच	मक्खन	1 कप
सूजी	½ कप		

विधि-

- अपने माइक्रोवेव ओवन को कन्वेक्शन मोड पर 15 मिनट 180°-200° सेल्सियस पर रखें।
- मैदा और सूजी छानकर मिला लें।
- मक्खन और चीनी मिक्सचर में मिलायें।
- दही डालकर उसे गूँथ लें।
- छोटे-छोटे बॉल बनाकर हाथों से दबा दें।
- फिर उन्हें बेकिंग ट्रे में लगा कर, सब पर बराबर से इलायची पाउडर बुरक दें।
- 15-20 मिनट कम तापमान में हल्का भूरा होने तक बेक करें।

प्रयोग-

- *चाय/कॉफी के साथ यह बढ़िया स्नैक है।*

ग्रिल्ड फिश

सामग्री- **समय- 30 मिनट**

पाम्फ्रेट/कोई मछली	½ *किलो*	*मक्खन*	1 छोटा चम्मच
मिर्च	1 छोटा चम्मच	*नमक*	1 छोटा चम्मच
हरी धनिया कटा हुआ	1 *कप*	*अदरक कटा हुआ*	1 *इंच*
हरी मिर्च	3	*नींबू का रस*	1 *बड़ा चम्मच*

विधि-

- *फिश को साफ कर धो लें और अच्छी तरह पोंछ लें।*
- *हरी धनिया, हरी मिर्च, अदरक, नींबू का रस सब मिलाकर पेस्ट बना लें और नमक, मिर्च मिला दें।*
- *मछली को बीच से तेज चाकू से ऐसे काटें कि बीच की बोन टूटे नहीं।*
- *पेस्ट को मछली के अन्दर बाहर अच्छी तरह सँभालकर लपेट दें और 30 मिनट के लिए एक ओर रख दें।*
- *कन्वेक्शन मोड पर माइक्रोवेव ओवन को माडरेट गरम करें अथवा ग्रिल व ओवन का बटन दबायें।*
- *मक्खन पिघला कर मछली के ऊपर ब्रश से लगायें।*
- *हीट प्रूफ प्लेट में रखकर 20-25 मिनट बेक करें।*
- *15 मिनट बाद दूसरी ओर पलटकर वैसे ही मक्खन लगाकर बेक करें।*
- *5 मिनट ऐसे ही छोड़ दें।*
- *चिप्स और हरे सैलेड के साथ परोसें।*

विविधता के लिए-

- *केवल सिरके या नींबू के रस और नमक-मिर्च लगाकर उसी विधि से मछली को रखें और बेक करें। यह भी बहुत स्वादिष्ट बनती है।*

रोस्टेड हर्बल चिकन

सामग्री- **समय-8 मिनट माइक्रो/ 30 मिनट कन्वेक्शन मोड पर**

चिकन लेग	8	*हरी मिर्च*	8
अदरक लहसुन पेस्ट	2 *बड़े चम्मच*	*मिक्स मसाला पाउडर*	2 *बड़े चम्मच*
काली मिर्च पाउडर	1 छोटा चम्मच	*पानी निथारी हुई दही*	2 *कप*
नींबू रस	2 *बड़े चम्मच*	*काजू पेस्ट*	2 *बड़े चम्मच*

विधि-

- चिकन लेग धो लें और काँटे की सहायता से गोद लें।
- धनिया व हरी मिर्च दही के साथ पीस लें।
- सभी मसाले मिलाकर चिकन लेग को 3 घण्टे के लिए मेरिनेट करें।
- लेग के मोटे सिरे को माइक्रो सुरक्षित प्लेट में बाहर की तरफ रखें।
- पहले 6 मिनट हाई मोड पर, फिर 4 मिनट मीडियम मोड पर घुमा कर रखें।

यदि बेक करना हो तो-

- कन्वेक्शन मोड पर 180°-200° सेल्सियस पर ओवन को गरम करें।
- बेकिंग ट्रे में लेग पीस लगा दें और 30-35 मिनट बेक करें। बीच में उलट-पलट कर ब्रश से थोड़ा टोल लगा दें।
- मेरीनेड के बचे मसाले में दो बड़े चम्मच कार्न फ्लोर का पेस्ट बनाकर मिला दें।
- दो मिनट हाई मोड पर पकायें और शोरबा चिकन के साथ स्टार्टर के रूप में सर्व करें।

विविधता के लिए-

- बोनलेस चिकन/पनीर टुकड़े ऐसे ही मेरिनेट कर 5 मिनट मीडियम मोड पर माइक्रो कर स्टार्टर में दिये जा सकते हैं।

विशेष-

- यह हाई प्रोटीन और लो केलोरी के लिए अच्छी डिश है।

चिकन टिक्का तन्दूरी स्टाइल

सामग्री- **समय- 10 मिनट माइक्रो/ 30 मिनट कन्वेक्शन मोड**

चिकन	800 ग्राम	लाल मिर्च पाउडर	1 बड़ा चम्मच
जीरा पाउडर	1 छोटा चम्मच	अदरक (सोठ) पाउडर	1 छोटा चम्मच
मिर्च पाउडर	1 छोटा चम्मच	गरम मसाला	1 छोटा चम्मच
पानी निथारा हुआ दही	2 कप	अदरक लहसुन पेस्ट	1 बड़ा चम्मच
धनिया पाउडर	1 छोटा चम्मच	लाल तन्दूरी रंग	½ छोटा चम्मच

विधि-

- चिकन को 10-12 टुकड़ों में काट लें।
- सूखे मसालों के साथ दही चिकन पर मल लें।
- चिकन मेरिनेट करके 2-3 घण्टे के लिए रख दें।
- एक माइक्रो सुरक्षित डिश में टुकड़ों को बाहर की ओर से सजा दें।

- *6 मिनट के लिए हाई मोड पर 4 मिनट के लिए मीडियम मोड पर रखें।*
- *चिकन बाहर निकाल कर देखें, पूरा पक गया हो, तो गरम ही सर्व करे अन्यथा एक-दो मिनट जरूरत के अनुसार दोबारा मीडियम मोड में पका लें।*

नोट- बोनलेस चिकन 6-7 मिनट में ही पक जायेगा।

अगर बेक करना हो तो-

- *ओवन कन्वेक्शन मोड पर 200° सेल्सियस पर प्रीहीट करें।*
- *चिकन के टुकड़ों को बेकिंग ट्रे को 30-35 मिनट के लिए लगा दें।*
- *बीच में साइड बदलते रहें।*
- *थोड़ा तेल भी ब्रश से एक दो बार लगा दें।*
- *अब एक प्लेट में ताजे सलाद और हरी चटनी और प्याज के छल्लों के साथ सजाकर परोसें।*

विविधता के लिए-

- *चाहें तो पुदीना या कसूरी मेथी भी दही में मिलाकर चिकन मेरिनेट कर सकते हैं।*
- *चिकन के स्थान पर पनीर के 1½ इंच के टुकड़ों पर भी ऐसी ही विधि से 15-20 मिनट गरम ओवन में बेक कर पनीर के टिक्के तैयार किये जा सकते हैं। यह एक अच्छा स्टार्टर है।*

पेय

खट्टा-मीठा पना

सामग्री- **समय- 8 मिनट माइक्रो**

कच्चा आम	*½ किलो*	*गुड़ का शर्बत*	*1 कप*
पुदीना पाउडर	*1 छोटा चम्मच*	*नमक*	*स्वादानुसार*
चीनी	*1 कप*	*अदरक पाउडर*	*¼ छोटा चम्मच*

विधि-

- *आम को छीलकर टुकड़ों में काट लें, बीज हटा दें।*
- *एक माइक्रो सुरक्षित बाउल में 2 कप पानी के साथ उन्हें डालकर ढकें और 7-8 मिनट हाई मोड पर रखें।*
- *एक कप उबले ठण्ढे पानी और चीनी में उसे लिक्विडाइजर में बराबर कर लें।*
- *गुड का शर्बत, अदरक, पुदीना, जीरा, काला नमक डालकर अच्छी तरह मिलायें।*
- *चावल को छन्नी से छानकर काँच की बोतल में रख कर फ्रिज में खूब ठण्ढा कर लें।*
- *गिलास में ¼ हिस्सा पना और अन्य भाग ठण्ढा पानी मिलाकर लम्बी काँच के गिलासों में सर्व करें।*

विशेष-

- *गरमी में पना ज्यादातर घरों में पसन्दीदा ठण्ढा माना जाता है। यह लू से बचाव करता है।*

दही का स्वाद भरा ठण्ढा छाछ

दही के पानी और पनीर के पानी को फेंके नहीं, इनकी पौष्टिकता स्वास्थ्य के लिए अत्यन्त लाभप्रद है।

प्रयोग करें-

- *दही और पनीर का पानी फ्रिज में खूब ठण्ढा कर लें।*
- *सोंठ, नमक, जीरा पाउडर, काला नमक डालकर इसके नमकीन स्वाद का मजा लें।*
- *अथवा चीनी या शहद तथा आम/लीची/अंगूर के रस के साथ इलायची और कूटी हुई बर्फ डालकर ताज़गी भरे इस 'बिवरेजेस' (पेय) का सेवन करें और स्वाद का आनन्द लें।*

❖❖❖

लंच और डिनर की डिशें

मशरूम मटर करी

सामग्री- **समय- 22 मिनट माइक्रो**

मशरूम	2 कप	हरी मटर	2 कप
प्याज मीडियम	3	लाल मिर्च पाउडर	2 छोटे चम्मच
जीरा	1 छोटा चम्मच	तेल	3 बड़े चम्मच
काजू पेस्ट	2 बड़े चम्मच	अदरक, लहसुन पेस्ट	2 बड़े चम्मच
टमाटर	3 बड़े	हल्दी	2 छोटे चम्मच
मसाला मिक्स्ड	1½ चम्मच	क्रीम	2 बड़े चम्मच
हरा धनिया	2 बड़े चम्मच	नमक	स्वादानुसार
मिर्च लहसुन पेस्ट(ऐच्छिक)	1 छोटा चम्मच		

विधि-

- प्याज को काटकर 1 बड़े चम्मच तेल के साथ हाई मोड पर खुले 5 मिनट पकायें।
- टमाटरों को काटकर इस पकी प्याज के साथ पीस कर पेस्ट बना लें।
- माइक्रो सुरक्षित गहरी बाउल में 2 बड़े चम्मच तेल डालकर टमाटर पेस्ट, अदरक-लहसुन पेस्ट, हल्दी, लाल मिर्च पाउडर नमक मिला लें और ढक कर 7 मिनट हाई मोड पर रखें।

- 2 मिनट वैसे ही छोड़ दें।
- उसी बाउल में मशरूम काटकर डालें और मटर के दाने व सभी मसाले, मिर्च, पेस्ट व काजू पेस्ट भी मिला लें।
- 1 या 1½ कप पानी डालकर बाउल को ढक दें। 10 मिनट के लिए हाई मोड पर रखें। बीच-बीच में हिलाते रहें।
- 5 मिनट छोड़ दें।
- ताजा क्रीम डाल कर चलायें।
- 1 छोटा चम्मच जीरा चटका कर ऊपर से डाल दें।
- अब हरा धनिया बुरक कर गरम चावल के साथ परोसें।

विविधता के लिए-

- पनीर मटर करी
- आलू मटर करी
- व सोयाबीन मटर करी

इसी विधि से ग्रेवी के साथ तैयार किये जा सकते हैं। आलू को पहले स्टीम कर लें अथवा बहुत छोटे-छोटे टुकड़े कर मटर के साथ डालें। सोयाबीन को गैस पर 1 मिनट उबाल कर पहले रख लें।

- नानवेज चिकन मटर करी भी इस ग्रेवी में बनायी जा सकती है। पहले चिकन को नींबू रस, ½ छोटा चम्मच काली मिर्च, छोटा चम्मच नमक में मेरिनेट कर 1 घण्टे रहने दें, फिर ढक कर हाई मोड पर 5 मिनट माइक्रो करें।

मसालेदार सफेद चने

सामग्री- **समय- 31 मिनट**

सफेद चने या काबुली चने	250 ग्राम	अनारदाना	2 बड़े चम्मच
जीरा	2 छोटे चम्मच	लौंग	4
टमाटर प्यूरी	¼	तेल	3 बड़े चम्मच
कटा हरा धनियाँ	3 बड़े चम्मच	बेकिंग सोडा	1 छोटा चम्मच
धनिया साबुत	1 बड़ा चम्मच	लाल मिर्च साबुत	3
नमक	स्वादानुसार	दालचीनी	1 इंच टुकड़ा
सोंठ	¼ छोटा चम्मच	अजवाइन	चुटकी भर

विधि-

- चने को धो कर 3 कप पानी और सोडे में रात भर भिगो दें।
- सूखे मसाले एक पेपर बैग में रखकर 3 मिनट के लिए हाई मोड पर रख लें। बीच में एक बार हिला लें। ठण्डा होने पर पीस लें।

- चने को पानी से अलग कर धो लें और 2 कप पानी एक छोटा चम्मच नमक के साथ हाई मोड पर 8 मिनट ढक कर पकायें।
- हिलाकर 15 मिनट पुनः मीडियम मोड पर अच्छी तरह बन्द कर पकायें।
- 15 मिनट यूँही छोड़ दें।
- माइक्रो सुरक्षित बाउल में एक मिनट हाई मोड पर तेल गरम करें।
- पाउडर वाले सभी मसाले मिलाकर 2 मिनट हाई मोड पर चलायें। उबले चने में इन्हें मिलाकर टमाटर प्यूरी व नमक डालकर चलायें और ढक कर 3 मिनट हाई मोड पर पकायें। 5 मिनट यूँही छोड़ दें।
- अब अदरक के कतरे और कटी धनिया बुरक कर पूरी के साथ गरमा-गरम परोसें।

विविधता के लिए-

- यदि थोड़ा गीला रखना हो, तो एक कप पानी, अनुमान से नमक, एक छोटा चम्मच लाल मिर्च पाउडर तथा 1 बड़ा चम्मच तेल और डालें, परन्तु इससे पहले मैशर से कुछ चने अच्छे से मसल लें, जिससे ग्रेवी गाढ़ी बन जाये।
- अथवा ग्रेवी गाढ़ी बनाने के लिए काबुली चनों के साथ 1 बड़ा चम्मच चना दाल भी उबाल लें।

करारे चटपटे सहजन

सामग्री- **समय- 10 मिनट**

सहजन	8	चिली गारलिक सॉस	1 बड़ा चम्मच
टमाटर प्यूरी	1 बड़ा चम्मच	भुनी मूँगफली पाउडर	¼ कप
प्याज पेस्ट	1 बड़ा चम्मच	तेल	1 बड़ा चम्मच
लाल मिर्च पाउडर	½ छोटा चम्मच	हींग	¼ छोटा चम्मच

विधि-

- सहजन को साफ करके धो लें। 2 इंच के लम्बे-लम्बे टुकड़ों में काट लें।
- एक माइक्रो सुरक्षित बाउल में 1 कप पानी के साथ उन्हें रखें और नमक छिड़क कर हाई मोड पर 5 मिनट के लिए ढक कर पकायें। फिर 2 मिनट छोड़ दें।
- दूसरे बाउल में तेल डालकर प्याज का पेस्ट, टमाटर का पेस्ट और मिर्च व लहसुन सॉस डालकर ढक दें और 2 मिनट हाई मोड पर रहने दें।
- मूँगफली पाउडर व सहजन भी डाल दें और 3 मिनट हाई मोड पर और पकायें।
- दो मिनट के लिए वैसे ही छोड़ दें।
- तेल गरम कर मिर्च और हींग का तड़का सहजन पर डालें।
- अब दाल चावल के साथ इसका आनन्द लें।

भरवाँ बैंगन

सामग्री- **समय- 15-20 मिनट**

छोटे बैंगन	12	मूँगफली	¼ कप
लाल मिर्च साबुत	4	अदरक लहसुन पेस्ट	2 छोटा कप
दही	½ कप	जीरा	1 छोटा चम्मच
लाल मिर्च पाउडर	1 छोटा चम्मच	तेल	2 बड़े चम्मच
हरा धनिया कटा	1 बड़ा चम्मच	ताजा नारियल	½
चना दाल	¼ कप	कढ़ी पत्ते	1-2
इमली पेस्ट	1 बड़ा चम्मच	टमाटर प्यूरी	¼ कप
हल्दी	1 छोटा चम्मच	तेल तड़के के लिए	1 छोटा चम्मच
नमक	स्वादानुसार		

विधि-

- नारियल को छोटे-छोटे टुकड़ों में काट लें।
- लाल मिर्च को तोड़कर बीज हटा लें।
- पेपर बैग में भुनी मूँगफली, नारियल, चना दाल, मिर्च, कढ़ी पत्ता, जीरा डालकर हाई मोड पर 2 मिनट रखें। ठण्ढा होने पर बारीक पीस लें।
- इसमें नमक, हल्दी, मिर्च पाउडर, अदरक, लहसुन पेस्ट और 1 बड़ा चम्मच तेल डालकर अच्छी तरह मिलायें।
- बैंगन को धो-पोंछ कर तेज चाकू से लम्बा चीरा लगा कर देख लें कि अन्दर साफ है। फिर तैयार मसाला भर लें।
- बचे तेल बैंगन पर ब्रश से लगा लें और माइक्रो सुरक्षित गहरे डिश में लगा दें।
- डिश को किलंग फिल्म से ढक दें और 6 मिनट के लिए हाई मोड पर माइक्रो करें।
- बीच में दही, टमाटर प्यूरी, इमली पेस्ट, नमक, मिर्च पाउडर 1 - 1½ कप पानी के साथ मिला लें। यदि तैयार मसाला बच गयाा हो, तो उसे भी मिला लें।
- आधे पके बैंगन पर डाल कर 10 मिनट के लिए हाई मोड पर रखें। 2 मिनट वैसे ही छोड़ दें।
- देशी घी गरम करें और बैंगन पर डाल दें।
- अब पराठे/पूरी अथवा चावल-दाल के साथ सर्व करें।

विविधता के लिए-

- बैंगन के स्थान पर शिमला मिर्च लेकर इसी विधि से बनायें।

विशेष-

- उत्तर-प्रदेश में भरवा बैंगन, भिण्डी व करैला आदि भुनी धनिया, सौंफ, मँगरैल (कलौंजी) मेथी के पाउडर सम्मिश्रण के साथ अमचुर, नमक, तेल, लाल मिर्च व लहसुन का पेस्ट भरकर बनाया जाता है। चाहे तो बाद में थोड़ा दही भी डालकर पकाते हैं। यह पराठे-पूरी अथवा चावल-दाल के साथ एक अलग मज़ा देता है।

- मसाले भुनने से पहले इस अनुपात में ले लें-

धनिया	1 कटोरी	सौंफ	½ कटोरी
मँगरैल (कलौंजी)	1½ छोटा चम्मच	मेथीदाना	½ छोटा चम्मच

- इसे सूखा पीस कर शीशे के जार में काफी समय तक सुरक्षित रख सकते हैं। यह जल्दी खराब नहीं होता। जब भी जितना जरूरत हो इस्तेमाल करें।
- 10-12 पतले लम्बे बैंगन के लिए 6 चम्मच यह सूखा मिक्स मसाला, 2 छोटे चम्मच लहसुन पेस्ट तथा 1 बड़ा चम्मच तेल भरवाँ (फिलिंग) के लिए पर्याप्त रहेगा।

लौकी (घिया) स्पेशल

सामग्री- **समय- 24 मिनट माइक्रो**

लौकी	600 ग्राम	सोयाबीन बड़ी चूरा (ग्रन्यूल्स)	¼ कप
चना दाल	½ कप	भूरा प्याज पेस्ट	1 बड़ा चम्मच
हरी मिर्च	3-4	अमचुर	1 छोटा चम्मच
लहसुन अदरक पेस्ट	1 छोटा चम्मच	नींबू	1
लाल मिर्च पाउडर	1 छोटा चम्मच	तिल पाउडर	¼ कप
नमक	स्वादानुसार	मक्खन	2 बड़े चम्मच
आलू	2	हरा धनिया कटा हुआ	¼ कप
मिक्सड मसाला	1 छोटा चम्मच		

विधि-

- लौकी को धो कर छील कर दो बड़े भागों में काट लें।
- पीलर की सहायता से बीच से गूदा निकाल लें, केवल ½ इंच के लगभग मोटी परत बचनी चाहिए।
- नींबू को टुकड़ों में काटकर नमक लगायें और लौकी पर अन्दर-बाहर लगाकर आधे घण्टे के लिए छोड़ दें।
- स्टीम बास्केट में लौकी को रखकर 5 मिनट हाई मोड पर स्टीम दें। हटा कर ठण्ढा होने दें।
- छील कर आलू काट लें।
- हरी मिर्च और लौकी का गूदा बारीक काट लें।
- माइक्रो सुरक्षित बाउल में 1 बड़े चम्मच मक्खन, आलू, चना दाल, सोयाबीन, लौकी का गूदा और भुनी प्याज मिला लें। 2 बड़े चम्मच पानी छिड़क कर 6 मिनट हाई मोड पर ढक कर पका लें।
- थोड़ा ठण्ढा होने पर मैशर से मसल लें।
- सूखे मसाले, धनिया, हरी मिर्च, तिल पाउडर, नमक, मसले हुए फिलिंग में मिलायें।
- भरने से पहले मिर्च-नमक चख लें।
- लौकी के ट्यूब को ध्यान से भरें।
- गहरी हीट प्रूफ डिश में मक्खन लगाकर 30 सेकेण्ड हाई मोड पर पिघला लें। दोनों टुकड़ों को इसमें डालकर घुमा लें, ताकि मक्खन सब ओर लिपट जाये।

- *डिश को क्लिंग फिल्म से ढक लें और बीच में काँटे से छेद कर लें।*
- *8 मिनट हाई मोड पर माइक्रो करें। 5 मिनट वैसे ही छोड़ दें।*

नोट- क्लिंग फिल्म हटाकर 6 मिनट के लिए घुमाकर ग्रिल भी कर सकते हैं।

परोसने से पहले तेज चाकू से ½ इंच के स्लाइस काट लें।

टमाटर के स्लाइस से सजाकर सर्व करें।

विविधता के लिए-

- *सोयाबीन बड़ी ग्रेन्यूल्स की जगह 200 ग्राम कीमा भी डाल सकते हैं और उसी विधि से आप एक बढ़िया नॉनवेज डिश तैयार कर सकते हैं।*

  यह डिश इण्डियन व काण्टिनेण्टल दोनों प्रकार के भोजन में चलती है।

भरवाँ करेला

सामग्री- **समय- 12 मिनट माइक्रो**

कच्चे करेले	8	*प्याज कटी हुई*	2
हरी मिर्च कटी हुई	2	*मिक्स्ड मसाले*	½ *छोटे चम्मच*
हरा धनिया कटा हुआ	1/7 *कप*	*आलू मसले हुए*	1 *कप*
अमचुर	½ *छोटा चम्मच*	*चिली पाउडर*	1 *छोटा चम्मच*
तेल	2 *बड़े चम्मच*	*नमक*	*स्वादानुसार*

विधि-

- *करेले को छीलकर, धो कर बीच से चीरा लगा दें और बीज निकाल दें।*
- *करेले में अन्दर-बाहर नमक लगाकर 2-3 घण्टे के लिए रख दें।*
- *धो कर करेले का अतिरिक्त नमक हटा लें। स्टीम बास्केट में डालकर 4 मिनट हाई मोड पर रखें।*
- *एक बड़े चम्मच तेल, कटी प्याज, हरी मिर्च और मुलायम करेले के बीच माइक्रो सुरक्षित बाउल में हाई मोड पर 5 मिनट रखें। एक बार बीच में चला दें।*
- *हटा कर इसमें बाकी मसाले मिला लें। करेले के हिसाब से मसालों को बाँट लें और भर लें।*
- *हीट प्रूफ डिश में लगा दें और क्लिंग फिल्म से ढक कर 4 मिनट हाई मोड पर माइक्रो करें।*
- *फिल्म हटा कर 6 मिनट चाहें तो ग्रिल करें और ओवन में 5 मिनट वैसे ही छोड़ दें।*
- *अब प्याज के छल्लों से सजाकर परोसें।*

विविधता के लिए-

- *करेले में चना दाल अथवा कीमे की फिलिंग भी भरी जा सकती है। इनका स्वाद भी लाजवाब होता है।*
- *पूर्व बताये गये उत्तर-प्रदेशीय कलोंजी के मसाले में भी भरवा करेले स्वादिष्ट बनते है।*
- *इसमें करेले के बीज को पीस कर मसाले के साथ भरे और पकने के बाद कुछ देर दही में भी पकायें।*

भरवाँ बड़ी हरी मिर्च

सामग्री- **समय- 10 मिनट**

हरी मिर्च बड़ी	10-12	भूरी प्याज	2 बड़े चम्मच
धनिया पाउडर	3 बड़े चम्मच	हरा कटा हुआ धनिया	2 बड़े चम्मच
सब पिसे ठण्ढे	1 छोटा चम्मच	अदरक, लहसुन पेस्ट	1 बड़ा चम्मच
लाल मिर्च पाउडर	1 बड़ा चम्मच	अनारदाना	1 बड़ा चम्मच
अमचुर	2 छोटे चम्मच	तेल	3 बड़े चम्मच
नमक	स्वादानुसार		

विधि-

- *अनारदाना 30 सेकेण्ड हाई मोड पर रखें, फिर पीस लें।*
- *मिर्च को बीच से चीरा लगा दें और बीज निकाल कर हाई मोड पर 1 मिनट रखें।*
- *सब मसाले व अनारदाना मिलाकर मिक्चर को मिर्च में भर लें।*
- *तेल चुपड़ कर हीट प्रूफ प्लेट में रखें।*
- *7-8 मिनट मीडियम मोड पर रखने के बाद ठण्ढा कर लें।*
- *अब पकी मिर्च 2 भागों में काट कर इण्डियन काण्टिनेण्टल भोजन के साथ परोसें।*

विविधता के लिए-

- *पके कीमे अथवा सोयाबीन ग्रेन्यूल्स (उबले) से भी इसकी फिलिंग की जा सकती है।*

खट्टा-मीठा कद्दू

सामग्री- **समय- 21 मिनट माइक्रो**

कद्दू	1 किलो	प्याज, टमाटर पेस्ट	½ कप
अदरक, लहसुन	1 बड़ा चम्मच	लाल मिर्च	2 बड़े चम्मच
हल्दी	1 छोटा चम्मच	इमली पेस्ट	1 बड़ा चम्मच
लाल मिर्च साबुत	2	नमक	स्वादानुसार
जीरा	½ छोटा चम्मच	हींग	¼ छोटा चम्मच
गरम मसाला	1 छोटा चम्मच	गुड़ कसा हुआ	¼ कप
मेथी	1 छोटा चम्मच	सरसों	½ छोटा चम्मच
तेल	3 बड़े चम्मच	कटा हुआ धनिया पत्ता	1 बड़ा चम्मच

विधि-

- *कद्दू को धो लें और बीच से रेशे वाला भाग हटा लें।*
- *कद्दू के एक इंच के टुकड़े काट लें।*
- *माइक्रो सुरक्षित बाउल में ½ कप पानी और नमक के साथ 8 मिनट हाई मोड पर टुकड़ों को पका लें।*
- *5 मिनट ऐसे ही रहने दें, फिर हटा लें।*

- *लाल मिर्च के बीज निकाल दें।*
- *एक दूसरे बाउल में अदरक, लहसुन पेस्ट, टमाटर व प्याज पेस्ट मिला लें और हाई मोड पर 2 मिनट ढक कर पकने दें।*
- *गैस पर जीरे, सरसों, मेथी और मिर्च डालकर तड़का तैयार करें और मिक्स पेस्ट पर डाल दें।*
- *हरी मिर्च पाउडर, हींग, गरम मसाला, इमली पेस्ट और कसा हुआ गुड़ डालकर 1 मिनट हाई मोड पर रखें।*
- *अब उबले कद्दू को सारे पेस्ट में डालकर 10 मिनट हाई मोड पर रखें। 3-4 मिनट पर हिलाते रहें।*
- *पाँच मिनट वैसे ही रहने दें।*
- *हरे धनिया से सजाकर गरमा-गरम पूरी के साथ परोसें।*

नोट- उत्तर-प्रदेश में यह ब्राह्मण-भोज अथवा खुशी के मौके पर विशेष रूप से बनता है।
इसे पंच फोड़न के तड़के व अमचुर नमक के साथ बनाया जाता है। पंचफोड़न- सौंफ, मेथी, हींग, सरसों व मिर्च।

अम्बा पनीर

सामग्री- **समय- 16 मिनट माइक्रो**

पनीर	*250 ग्राम*	*आम के टुकड़े*	*½ कप*
काजू पेस्ट	*½ कप*	*लाल मिर्च साबुत*	*3*
इलायची	*1 छोटा चम्मच*	*दही*	*¼ कप*
कढ़ी पत्ता	*5-6*	*आम का गूदा*	*100 ग्राम*
प्याज	*1*	*अदरक लहसुन पेस्ट*	*2 फाँक*
जीरा	*1 छोटा चम्मच*	*सफेद मिर्च पाउडर*	*1 बड़ा चम्मच*
मिक्सड मसाला पाउडर	*1 छोटा चम्मच*	*क्रीम*	*½ कप*
तेल	*3 बड़े चम्मच*	*नमक*	*स्वादानुसार*

विधि-

- *प्याज को महीन काट लें।*
- *लाल मिर्च के बीज निकाल लें।*
- *पनीर के 1 इंच के टुकड़े बना लें। एक चम्मच नमक डालकर गरम पानी में रखें।*
- *तेल गरम कर माइक्रो सुरक्षित बाउल में जीरा, साबुत मिर्च डाल दें। 2 मिनट हाई मोड पर रखें।*
- *इसमें कटे प्याज मिलायें। अदरक, लहसुन पेस्ट भी डालें और हाई मोड पर 2 मिनट बिना ढके पकायें।*
- *2 कप पानी में काली मिर्च पाउडर और मिक्सड मसाला पाउडर नमक डालकर ढक कर 4 मिनट हाई मोड पर रखें।*
- *आम का गूदा, काजू या बादाम पेस्ट इलायची अच्छी तरह मिलायें और ढक कर 8 मिनट मीडियम मोड पर पकायें।*
- *ढक्कन खोले और क्रीम डालें। पनीर पानी में से हटायें और ग्रेवी में मिला लें।*
- *अब री-हीट मोड पर 3 मिनट गरम करके पराठा/पूरी के साथ सर्व करें।*

विविधता के लिए-

- *पनीर की जगह बोनलेस चिकन डालें और 10 मिनट मीडियम मोड पर पकायें।*

दही कुन्दरू

सामग्री- **समय- 15 मिनट**

कुन्दरू	250 ग्राम	हरी मिर्च	2
सोंठ	¼ चम्मच	पुदीना पत्ती	4-5
दही	½ किलो	तेल	1 बड़ा चम्मच
सरसों	½ छोटा चम्मच	करी पत्ती	1 डण्डी
हींग	1 चुटकी	नमक और मिर्च	स्वादानुसार

विधि-

- *कुन्दरू धो कर पतले गोल-गोल काट लें।*
- *आधा छोटा चम्मच नमक के साथ ½ कप पानी डालकर हाई मोड पर 15 मिनट के लिए रखें। फिर 5 मिनट ठण्ढा होने दें।*
- *हरी मिर्च और पुदीना काट लें।*
- *दही, नमक, काली मिर्ची, सोंठ अच्छी तरह फेंट लें और पके हुए कुन्दरुओं में मिला दें।*
- *सरसों एक चम्मच तेल में गैस पर चटका लें और हींग डालकर दही मिक्सचर पर उड़ेल दें।*
- *कढ़ाई में धनिया बुरक कर पेश करें।*
- *किसी भारतीय खाने के साथ परोसें।*

बिना तरी की मूँग दाल

सामग्री- **समय- 14 मिनट**

धुली हुई मूँग	1 कप	लहसुन बारीक कटा हुआ	2 बड़े चम्मच
हरी मिर्च कटी हुई	2	सरसों	½ छोटा चम्मच
मिक्सड मसाले	1 छोटा चम्मच	नींबू का रस	1 बड़ा चम्मच
पानी	1 कप	प्याज महीन कटी हुई	1
अदरक, लहसुन महीन कटा	1 छोटा चम्मच	जीरा	1 छोटा चम्मच
हल्दी	3 बड़े चम्मच	लाल मिर्च तेल	3 बड़े चम्मच
हींग	¼ छोटा चम्मच	हरा धनिया कटा हुआ	1 बड़ा चम्मच
नमक	स्वादानुसार		

विधि-

- *2 चम्मच तेल गरम करके कटी प्याज, लहसुन और मिर्च हाई मोड पर 3 मिनट पकायें, बीच-बीच में चला लें।*
- *दाल का पानी निकाल दें और उपर्युक्त मिक्सड सामग्री में डालकर 1 मिनट हाई मोड पर बिना ढके रखें।*

- एक कप पानी, हल्दी, हींग, नमक व दाल मिक्सचर में डालें, ढकें और 10 मिनट पकायें।
- पहले 6 मिनट और फिर 8 मिनट मीडियम मोड पर रखें। 5 मिनट वैसे ही छोड़ दें।
- बचा तेल गैस पर गरम करें और जीरा, सरसों में चटका लें।
- हींग डालकर तड़का पकी दाल पर उँडेल दें।
- अब हरा धनिया से सजाकर रोटी/पराठे के साथ सर्व करें।

विविधता के लिए-

- धुली उरद भी इसी विधि से बनायी जा सकती है। इसमें माइक्रो का समय 2-3 मिनट ज्यादा लगेगा।

गाजर और मटर

सामग्री- **समय- 15 मिनट माइक्रो**

गाजर	आधा किलो	मटर	½ कप
गरम मसाला	½ छोटा चम्मच	सरसों	½ छोटा चम्मच
कसूरी मेथी	1 बड़ा चम्मच	मिर्च तेल	2 बड़े चम्मच
ओलिव आयल	1 बड़ा चम्मच	मेथी दाना	1 छोटा चम्मच
मिर्च, लहसुन सॉस	1 छोटा चम्मच	टमाटर प्यूरी	¼ कप
कटा हुआ अदरक	1 बड़ा चम्मच	नमक	स्वादानुसार

विधि-

- गाजर को धो कर 1 इंच के टुकड़ों में काट लें।
- माइक्रो सुरक्षित बाउल में तेल गरम करें। 1 मिनट हाई मोड पर रखें।
- जीरा-मेथी डालकर बिना ढके 2 मिनट हाई मोड पर रखें।
- टमाटर की प्यूरी, मिर्च, लहसुन सॉस, कटी हुई गाजर, हल्दी, कसूरी मेथी मिलाकर 2 मिनट हाई मोड पर रखें।
- हरी मटर व गाजर मसालों में डालकर उसे अच्छी तरह मिलायें। ¼ कप पानी डालकर 10 मिनट हाई मोड पर रखें। बीच में चला लें। 5 मिनट यूँहीं रहने दें।
- गरम मसाला ऊपर से बुरक कर मिला लें।
- अब हरे धनिये से सजाकर गरम चपाती/पराठे अथवा दाल-चावल के साथ सर्व करें।

विविधता के लिए-

- इस विधि से मटर के साथ कोई दूसरी मनपसन्द सब्जी बनायी जा सकती है।

अचारी आलू मेथी

सामग्री- **समय- 11 मिनट माइक्रो**

आलू	600 ग्राम	मेथी कसूरी	2 बड़े चम्मच
कलौंजी (मँगरैल)	1 छोटा चम्मच	हल्दी	1 छोटा चम्मच

मिर्च तेल	1 छोटा चम्मच	सौंफ	1 छोटा चम्मच
लाल मिर्च पाउडर	1 छोटा चम्मच	नमक	स्वादानुसार

विधि-

- आलू धो कर एक इंच के टुकड़े काट लें और स्टीम बास्केट में 4 मिनट स्टीम कर कर लें। 13 मिनट वैसे ही छोड़ दें।
- माइक्रो सुरक्षित बाउल में मेथी दाने, कलौंजी व सौंफ डालकर हाई मोड पर 2 मिनट रखें। एक बार हिला लें।
- हल्दी पाउडर, मिर्च पाउडर, नमक व कसूरी मेथी डालकर मिला लें और 1 मिनट हाई मोड पर पका लें।
- उबले आलुओं को उसमें डालें और ¼ कप पानी डालकर ढक दें तथा 5 मिनट और पकायें।
- गरमा-गरम चपाती/पराठे/पूरी के साथ सर्व करें।

विविधता के लिए-

- इसी विधि से बैंगन, आलू, हरी मिर्च, टमाटर की सब्जी बड़ी जायकेदार बनती है।

नवरतन कोरमा

सामग्री- **समय- 20 मिनट**

बादाम	15	बादाम पेस्ट	½ कप
काजू	15	क्रीम	½ कप
खोया	50 ग्राम	सफेद मिर्च पाउडर	1 छोटा चम्मच
अदरक, लहसुन पेस्ट	2 बड़े चम्मच	जीरा	1 छोटा चम्मच
भुना हुआ प्याज	½ कप	टमाटर प्यूरी	2 बड़े चम्मच
मक्खन	2 बड़े चम्मच	गरम मसाला	1 छोटा चम्मच
नमक	स्वादानुसार	पनीर के टुकड़े	¼ कप
गाजर के टुकड़े	¼ कप	हरी मटर	¼ कप
किशमिश/अंगूर	¼ कप	अन्नानास के टुकड़े	¼ कप
चेरी	¼ कप		

विधि-

- बादाम-काजू को 1 छोटा चम्मच तेल मिला कर पेपर बैग में डालें और 1½ मिनट हाई मोड पर भून लें। बीच में एक बार हिला लें।
- माइक्रो सुरक्षित बाउल में 1 मिनट तेल गरम करें। प्याज का पेस्ट, टमाटर प्यूरी और मिर्च पेस्ट डालकर अच्छी तरह मिला लें। ढक कर 2 मिनट हाई मोड पर रखें।
- बादाम / काजू पेस्ट, काली मिर्च पाउडर, गरम मसाला, नमक डालकर ढक दें। 2 मिनट हाई मोड पर पकायें।
- 2½ कप पानी और क्रीम डाल कर उसे अच्छी तरह मिला लें।

- हरी मटर, गाजर, मेवे मिलायें और ढक दें। 5 मिनट हाई मोड पर पकायें फिर 6 मिनट मीडियम मोड पर पकायें।
- पनीर क्यूब, अन्नानास के टुकड़े और चेरी डालकर ढकें और 2 मिनट पकायें।
- 3 मिनट छोड़कर उस पर चाहें, तो जीरे का तड़का डालें।
- अब यह चपाती / नॉन के साथ लज़्ज़तदार स्वाद देता है।

विशेष-

- यह व्यंजन शाकाहारियों के लिए विशेष अवसरों, उत्सवों पर खासतौर पर तैयार किया जाता है।

टमाटर चटनी (खट्टी-मीठी)

सामग्री- **समय- 15 मिनट माइक्रो**

टमाटर.	700 ग्राम	हरी मिर्च	4
लहसुन बारीक कटा हुआ	1 बड़ा चम्मच	कटा हुआ हरा धनिया	1 बड़ा चम्मच
चीनी	2 बड़े चम्मच	जीरा	1 छोटा चम्मच
तेल	1 बड़ा चम्मच	नमक	स्वादानुसार

विधि-

- टमाटर को डण्डी की ओर ऊपर रखते हुए 5 मिनट हाई मोड पर पकायें। थोड़ा ठण्ढा होने पर छील कर रख लें।
- नारियल को कद्दूकस कर लें और 1 कप गुनगने पानी में भिंगो कर उसका दूध निकाल लें।
- माइक्रो सुरक्षित बाउल में टमाटर, हरी मिर्च व कसा हुआ नारियल मिलाएँ, ढक कर हाई मोड पर 5 मिनट रखें। बीच में चला दें।
- ढक्कन हटाकर नारियल, दूध, नमक-मिर्च डालकर हाई मोड पर 5 मिनट ढक कर पकायें।
- 3 मिनट डिश को छोड़ दें।
- गैस पर सरसों का तड़का तैयार करें। कढ़ी पत्ता और लाल मिर्च डालकर हींग डालें और तुरन्त टमाटरों पर उडेल दें।

विशेष-

यह व्यंजन दक्षिण भारतीय खाने के साथ अथवा चावल-दाल के साथ त्विशेष प्रिय लगता है।

नारियल के दूध में कद्दू

सामग्री- **समय- 8 मिनट माइक्रो**

छिला हुआ कद्दू	300 ग्राम	कसा हुआ नारियल	½
दही	1 कप	हरी मिर्च	3
नमक	स्वादानुसार	तेल	1 बड़ा चम्मच
लाल मिर्च साबुत	1	सरसों	½ छोटा चम्मच

विधि-

- कद्दू को छोटे-छोटे टुकड़ों में काटकर हरी मिर्च, नमक और ½ कप पानी के साथ हाई मोड पर 6 मिनट ढक कर पकायें।
- नारियल व दूध डालें और हाई मोड पर 2 मिनट पकायें।
- ठण्ढा होने पर दही फेंटकर डालें, नमक चख लें।
- गैस पर सरसों का तड़का तैयार करें और लाल मिर्च डालकर तुरन्त कद्दू पर उलट दें। अब हरे धनिये से सजाकर किसी भारतीय भोजन के साथ पेश करें।

गाजर का रायता

सामग्री- **समय- 4 मिनट**

गाजर कद्दूकस की हुई	1¼ कप	कटा हुआ हरा धनिया	¼ कप
गाढ़ा ताजा दही	2 कप	हरी कटी हुई मिर्च	2
लाल मिर्च पाउडर	½ छोटा चम्मच	नमक और सफेद मिर्च	स्वादानुसार

विधि-

- कसी हुई गाजर एक माइक्रो सुरक्षित बाउल में डालें। 3 मिनट के लिए हाई मोड पर पकायें, फिर 2 मिनट वैसे ही छोड़ दें।
- नमक के साथ दही फेंटकर गाजर, हरी मिर्च, हरा धनिया उसमें मिलायें।
- भुना हुआ पिसा जीरा मिक्सचर में मिलायें, चाहें तो सरसों का तड़का डाल सकते हैं।
- अब लाल मिर्च पाउडर से थोड़ा सजाकर ठण्ढा-ठण्ढा सर्व करें।

विविधता के लिए-

- लौकी का रायता:- 1 कप व कसी हुई लौकी 3 मिनट हाई मोड पर माइक्रो करें। ½ चम्मच देशी घी व जीरे का तड़का बनाकर डालें।
- आलू का रायता:- छोटे-छोटे आलुओं को 4 मिनट हाई मोड पर पकायें, फिर कस कर रायता बनायें। देशी घी में हींग का तड़का दें।
- कद्दू:- आलू जैसे ही कद्दू को उबाल कर कद्दूकस को और काला नमक, लाल मिर्च, जीरा पाउडर से सजायें।

पाइन ऐपल (अनन्नास) का रायता

सामग्री- **समय- 10 मिनट माइक्रो**

पका हुआ अनन्नास	1 कप	हरी इलायची	½ छोटा चम्मच
पिस्ता बारीक कटा	1 बड़ा चम्मच	गाढ़ा दही	2½ कप
मिर्च पाउडर	1 छोटा चम्मच	नमक	स्वादानुसार

विधि-

- *अनन्नास के टुकड़ों को बहुत पतला-पतला काट लें, परन्तु पहले टुकड़ों को 10 मिनट हाई मोड पर माइक्रो कर लें।*
- *दही फेंटकर नमक, काली मिर्च, इलायची एक साथ मिला लें।*
- *कटे हुए पाइन ऐपल डालकर चलायें और ठण्ढा होने दें।*
- *अब पिस्ते से सजाकर पुलाव के साथ मेहमानों को सर्व करें।*

साम्बर

सामग्री- **समय- 32 मिनट माइक्रो**

तुअर दाल (अरहर)	1 *कप*	*सहजन*	2
प्याज मद्रासी	10	*बींस*	6
हल्दी	1 *छोटा चम्मच*	*इमली पेस्ट*	1 *बड़ा चम्मच*
गाजर	1	*टमाटर पेस्ट*	1
पानी	5 *कप*	*नमक*	*स्वादानुसार*

मसाले-

साबुत धनिया	2 *बड़े चम्मच*	*चना दाल*	1 *बड़ा चम्मच*
कढ़ी पत्ता	¼ *कप*	*मेथीदाना*	2 *छोटा चम्मच*
हींग	½ *छोटा चम्मच*	*लाल मिर्च*	3
उरद दाल	1 *बड़ा चम्मच*	*नारियल कसा हुआ*	¼ *कप*
जीरा	1 *छोटा चम्मच*	*तेल*	2 *बड़े चम्मच*
सरसों	½ *छोटा चम्मच*	*कटा हुआ हरा धनिया*	1 *बड़ा चम्मच*
लाल मिर्च	1-2 *तड़के के लिए*		

विधि-

- *अरहर दाल धो कर 30 मिनट के लिए भिगो दें।*
- *धनिया, मेथी, जीरा, चना दाल, उरद दाल, साबुत लाल मिर्च 3 व कढ़ी पत्ता सब एक पेपर बैग में डालें और हाई मोड पर 2 मिनट भून लें। बीच में एक बार हिला लें।*
- *उसमें हींग पाउडर और नारियल मिलाकर ग्राइण्डर में पीस लें।*
- *सहजन 2 इंच के टुकड़ों में काट लें। गाजर, टमाटर और बींस ½ इंच के टुकड़ों में काट लें।*
- *2 कप पानी और हल्दी डालकर, दाल 15 मिनट माइक्रो सुरक्षित बाउल में 5 मिनट हाई मोड पर उबालें, फिर 10 मिनट मीडियम मोड पर कर दें।*
- *एक बड़े माइक्रो सुरक्षित बाउल में 1 मिनट के लिए हाई मोड पर 1 बड़ा चम्मच तेल गरम करें और प्याज डालें तथा हाई मोड पर 2 मिनट के लिए बिना ढके रखें। एक बार चला लें।*

- पकी हुई दाल और इमली पेस्ट तथा कटी सब्जियाँ नमक और 3 कप पानी उसमें मिलाकर चलायें। हाई मोड पर 15 मिनट बिना ढके पकायें। 2 बार चला लें। 5 मिनट वैसे ही छोड़ दें।
- गैस पर साबुत मिर्च व सरसों का तड़का तैयार कर पके साम्बर पर डालें। तीखा करने के लिए ½ छोटा चम्मच लाल मिर्च पाउडर डाल लें।
- अब सादे चावल / इटली / डोसा के साथ इसे गरम ही सर्व करें।

विशेष-

- बाजार में रेडीमेड साम्बर पाउडर आसानी से मिल जाते हैं। समय बचाना हो, तो उसे इस्तेमाल कर सकते हैं।

सरसों का साग

सामग्री- **समय- 35 मिनट माइक्रो**

सरसों का साग	1 किलो	प्याज	1 बड़ा
अदरक	2 इंच टुकड़ा	हरी मिर्च	4
शुद्ध देशी घी / मक्खन	4 बड़े चम्मच	पालक का साग / चौलाई	½ किलो
टमाटर	2 बड़े	लहसुन पेस्ट	1 बड़ा चम्मच
लाल मिर्च पाउडर	1 छोटा चम्मच	कार्न फ्लोर	2 बड़े चम्मच
नमक	स्वादानुसार		

विधि-

- सरसों का साग और पालक के साग को साफ कर धो लें और छोटे-छोटे टुकड़ों में काट लें।
- प्याज, टमाटर व हरी मिर्च को बारीक-बारीक काट लें।
- अदरक के महीन कतरे काट लें।
- एक माइक्रो सुरक्षित बाउल में कटी सरसों 15 मिनट हाई मोड पर पकायें, बीच में चला लें।
- डिश को 10 मिनट के लिए वैसे ही छोड़ दें। देख लें कि पक गया है अथवा नहीं। अन्यथा 2 मिनट और पकने दें।
- अलग बाउल में पालक को हाई मोड पर 5 मिनट के लिए पकायें।
- दोनों सागों को मिलाकर मिक्सी में पेस्ट बना लें।
- एक बड़े माइक्रो सुरक्षित बाउल में 2 चम्मच या 3 बड़े चम्मच मक्खन को 1 मिनट के लिए हाई मोड पर गरम करें और कटे प्याज, लहसुन को डालकर 3 मिनट हाई मोड पर पकायें। एक बार उसे चला दें।
- उसमें कटे हुए टमाटर अदरक और हरी मिर्च डालकर बिना ढकें हाई मोड पर 2 मिनट रखें। फिर हटा लें।
- सरसों साग पेस्ट और सब मसाले मिला लें और 10 मिनट पकायें। बीच में एक बार अवश्य चला लें।
- यदि पानी की मात्रा अधिक लग रही हो, तो खोलकर पका लें। आधा घण्टा वैसे ही छोड़ दें।
- अब साग को गरम करें और देशी घी / मक्खन डालें तथा मक्खन चुपड़ी मक्के की गरमा-गरम रोटियों के साथ पेश करें।

विविधता के लिए-

- *पालक के स्थान पर शलगम/मूली के पत्ते भी इस्तेमाल हो सकते हैं।*

विशेष-

- *सर्दियों में इसका प्रयोग शरीर में गरमी और स्फूर्ति प्रदान करता है।*

कढ़ी

सामग्री- **समय- 23-25 मिनट माइक्रो**

बेसन	¼ कप	हल्दी	1½ छोटा चम्मच
खट्टा दही	1½ कप	छाछ	4-5 कप
हींग	½ छोटा चम्मच	लाल मिर्च साबुत	2
लाल मिर्च पाउडर	¼ छोटा चम्मच	बेसन बूँदी/सेव	1½ कप
सरसों	2 बड़े चम्मच	मेथीदाना	½ छोटा चम्मच
लौंग	3	लहसुन कटा	1 बड़ा चम्मच
हरा धनिया कटा	¼ कप	हरी प्याज	2
सोंठ	½ छोटा चम्मच	नमक	स्वादानुसार

विधि-

- *दही, बेसन और छाछ/पानी हल्दी, सोंठ, हींग व नमक मिलाकर ब्लेंडर में अच्छे से मिक्स कर लें।*
- *माइक्रो सुरक्षित काँच के बड़े बाउल में मिक्सचर को डालें और बिना ढके हाई मोड पर 10 मिनट पकायें। दोबारा 3-3 मिनट पर हिला लें।*
- *10 मिनट बाद ढक्कन खोले और मीडियम मोड पर 10 मिनट पका लें। बीच मं एक-दो बार चला लें।*
- *बूँदी/सेव डालकर 5 मिनट के लिए छोड़ दें।*
- *हरी प्याज को बारीक काट लें और मिर्च के बीज निकाल लें।*
- *सरसों का तेल गैस पर गरम कर लौंग चटका कर निकाल लें। लाल मिर्च, सरसों, मेथीदाना चटका लें। इसमें कटी हरी प्याज डालकर सुनहरा होने दें।*
- *प्याज का तड़का कढ़ी पर डाल दें और लौंग पीस कर बुरक दें।*
- *हरे धनिये से सजाकर गरम चावल और चपाती के साथ परोसें।*

विशेष-

- *यह डिश शादि ब्याह के उत्सवों पर खास बनाई जाती है, क्योंकि यह शुभ मानी जाती है और दूसरा कारण यह है कि अचानक जुटी मेहमानों की भीड़ में यह आसानी से और जल्दी से अधिक मात्रा में बनायी जा सकती है।*

पनीर मालाबारी

सामग्री- **समय- 20 मिनट माइक्रो**

पनीर	300 ग्राम	नारियल का दूध	½ कप
तिल	1 बड़ा चम्मच	हल्दी	½ कप
दही	½ कप	सफेद मिर्च पाउडर	1 छोटा चम्मच
नींबू का रस	2 बड़े चम्मच	तेल	¼ कप
जीरा	1 छोटा चम्मच	बड़ी इलायची	2
लौग	4	काजू	15
पानी	2 कप	प्याज, टमाटर पेस्ट	1 कप
पोस्ता	2 बड़े चम्मच	अदरक, लहसुन पेस्ट	1 बड़ा चम्मच
लाल मिर्च पाउडर	2 छोटे चम्मच	किशमिश	¼ कप
अंगूर	1 कप	हरी इलायची	4
दालचीनी	1 इंच का टुकड़ा		

विधि-

- पोस्ते के दानों को 30 सेकेण्ड के लिए गरम किये गये ½ कप पानी में भिगो दें।
- अंगूर धो कर साफ करके भिगो दें।
- पनीर को 1 इंच टुकड़ों में काटकर नमक, काली मिर्च व नींबू के रस में मेरिनेट कर लें।
- इलायची के दाने, जीरा, तिल 1 मिनट हाई मोड पर रखकर पीस लें।
- हरी मिर्च, पोस्ता, भुने मसाले और दही मिलाकर बारीक पेस्ट बना लें।
- 2 मिनट के लिए हाई मोड पर एक माइक्रो सुरक्षित बाउल में तेल गरम करें। काजू डालकर 1 मिनट हाई मोड पर बिना ढके पकायें। हटाकर पेपर नैपकिन पर रखें।
- उसी तेल में टमाटर, प्याज का पेस्ट और लहसुन, अदरक, पेस्ट, लौंग, हल्दी और मिर्च पाउडर 2 मिनट हाई मोड पर बिना ढके पकायें।
- सारे मसाले मिलाकर नारियल का दूध और पानी मिलाकर हाई मोड पर 4 मिनट पका लें। अंगूर/किशमिश डालकर मीडियम मोड पर 10 मिनट ढक कर पकायें और नमक डाल दें।
- पनीर के टुकड़ों को ग्रेवी में डालकर अच्छे से मिलायें। नींबू का रस डालकर परोसेने से पहले 2-3 मिनट पकायें।
- अब तले हुए काजुओं से सजाकर चावल के साथ सर्व करें।

विविधता के लिए-

- इसी विधि से बोनलेस चिकन 8 मिनट हाई मोड पर ग्रेवी के साथ पका लें अथवा उबले मटन को 10 मिनट ढक कर पका लें।

विशेष-

- *मालाबारी व्यंजन जितने तीखे और मसालेदार होते हैं, उतने आसान भी।*

भुट्टा सालन

सामग्री-			समय-
कच्चे भुट्टे	3	*कटा हुआ हरी धनिया*	1½ *कप*
प्याज कटी हुई	1	*कार्नफ्लोर*	1 *बड़ा चम्मच*
नारियल कसा हुआ	1	*हरी मिर्च*	4
अदरक, लहसुन पेस्ट	1 *बड़ा चम्मच*	*नमक*	*स्वादानुसार*
रिफाइण्ड तेल	2 *छोटा चम्मच*	*सरसों तेल*	½ *छोटा चम्मच*
लाल मिर्च साबुत	2	*कढ़ी पत्ता*	5–6

विधि-

- *1 कप पानी को हाई मोड पर 1 मिनट रखकर कद्दूकस किये हुए नारियल को भिगो दें।*
- *थोड़ी देर बाद नारियल को हरी मिर्च, धनिया, प्याज, लहसुन-अदरक पेस्ट के साथ पीस लें। चलनी से छान कर पानी निकाल लें। बचे मसाले को दोबारा पीस कर पानी निकाल लें।*
- *भुट्टे को साफ कर 3–4 टुकड़ों में काट लें। स्टीमिंग बास्केट में इन टुकड़ों को 3 मिनट के लिए हाई मोड पर रखें और एक तरफ ढक कर रख दें।*
- *एक बड़े माइक्रो सुरक्षित बाउल में नारियल दूध 1 कप, पानी, कार्न फ्लोर, नमक मिलाकर 7 मिनट हाई मोड पर बिना ढके पका लें। बीच में एक बार चला दें।*
- *उबले भुट्टे के टुकड़ों को नारियल दूधमें मिलाकर ढक कर 12 मिनट मीडियम मोड पर पकायें 4 मिनट छोड़ दें।*
- *गैस पर सरसों तेल गरम कर, सरसों का तड़का तैयार कर, लाल मिर्च और कड़ी पत्ती डालकर कार्न करी पर डालें।*
- *अब यह भुट्टा सालन चपाती / खाखरा के साथ गरमा-गरम परोसें। तीखा हल्का अपनी जरूरत के अनुसार कर लें।*

घिया का कोफ्ता

सामग्री-			समय- 7 मिनट माइक्रो
लौकी कसी हुई	2 *कप*	*धनिया कटा हुआ*	½ *कप*
अजवाइन	1 *छोटा चम्मच*	*नमक*	1½ *छोटा चम्मच*
बेसन	½ *कप*	*हरी मिर्च कटी हुई*	3
मिले-जुले मसाले	1 *छोटा चम्मच*	*बेकिंग पाउडर*	½ *छोटा चम्मच*

विधि-

- *कद्दू कस की हुई लौकी का पानी निचोड़ कर अलग रख दें।*
- *सभी सामग्री डालकर लौकी गूँथ लें और छोटी-छोटी गोलियाँ 3-3 सेंटीमीटर के लगभग की बना लें।*
- *स्टीमिंग बास्केट में कोफ्ते रख दें। नीचे बर्तन में ¼ कप पानी डालकर व हाई मोड पर बास्केट रखकर 4 मिनट हाई मोड पर चलायें।*
- *5 मिनट वैसे ही छोड दें।*
- *अपनी मन पसन्द ग्रेवी में 3 मिनट मीडियम मोड पर पकायें।*
- *बस तैयार स्वादिष्ट कोफ्ते घीया से सजाकर गरम-गरम फुल्के/पराठे और चावल के साथ परोसें।*
- *धनिया/पुदीने की चटनी के साथ ये सूखे कोफ्ते स्टार्टर के रूप में भी दिये जा सकते हैं।*

विविधता के लिए-

- *इस विधि से मिली-जुली सब्जियों के कोफ्ते भी तैयार किये जा सकते हैं।*

चिकन जैबुनिज्जा (Zabunizza)

सामग्री- **समय- 7 मिनट माइक्रो**

चिकन	800 *ग्राम*	*काजू पेस्ट*	1 *कप*
प्याज पेस्ट	¾ *कप*	*अदरक, लहसुन पेस्ट*	1 *बड़ा चम्मच*
दही	½ *कप*	*मक्खन*	50 *ग्राम*
तेल	¼ *कप*	*हरी मिर्च*	2
नमक	*स्वादानुसार*		

पोटली के मसाले-

बड़ी इलयची	4	*दालचीनी*	1 *इंच*
काली मिर्च	15	*जीरा*	1 *छोटा चम्मच*
लौंग	6	*सफेद मिर्च माउडर*	1-2 *छोटा चम्मच*
टमाटर	1		

विधि-

- *दही फेंट कर रख लें।*
- *चिकन को 12 टुकड़ों में काट लें।*
- *तेल और मक्खन एक साथ माइक्रो सुरक्षित बाउल में डालकर 2 मिनट हाई मोड पर गरम करें।*
- *इसमें चिकन के टुकड़े डालें और चलायें। बिना ढके 3 मिनट हाई मोड पर पकायें। बीच में एक बार चला लें।*
- *प्याज पेस्ट, अदरक लहसुन पेस्ट 2 मिनट हाई मोड पर पकाकर चलायें। ध्यान रहे पेस्ट का रंग बदलना नहीं चाहिए।*

- दही, काजू पेस्ट, नमक, मिर्च, साबुत मसाले की पोटली, पूरा टमाटर और हरी मिर्च सब मिलाकर रखें।
- कन्वेक्शन मोड पर माइक्रोवेव को 180° सेल्सियस पर पहले गरम करें।
- ढक्कन अथवा एल्युमिनियम फॉयल से ढक कर 30-35 मिनट पकायें।
- ओवन से चिकन बाउल बाहर निकालें। फायल हटाकर पोटली को डिश पर निचोड़ दें और हल्के से चला लें।
- अब चाँदी के वर्क या धनिया की पत्ती से सजाकर फुल्के या तन्दूरी रोटी के साथ पेश करें।

विविधता के लिए-

- पका बोनलेस मटन / पनीर के टुकड़े भी इसी जैबुन्निज्जा श्रेणी के तरीके से बना सकते हैं। यह एक बेहतरीन मुगलाई विधि है।

मुर्ग बादामी

सामग्री-

समय- 45 मिनट कन्वेनशन मोड
16 मिनट माइक्रो

चिकन	800 ग्राम / 1 किलो	क्रीम	½ कप
मक्खन	50 ग्राम	बादाम	10-12
टामैटो सॉस	2 बड़े चम्मच	हरी इलायची	6
सफेद मिर्च पाउडर	1 छोटा चम्मच	नमक	स्वादानुसार
दही	1 कप	सफेद प्याज पेस्ट	½ कप
बादाम पेस्ट	¼ कप	नींबू का रस	2 बड़े चम्मच
लौंग दालचीनी	1 छोटा चम्मच	लाल मिर्च पाउडर	1 छोटा चम्मच
अदरक पाउडर सोंठ	½ छोटा चम्मच	पार्सले/हरा धनिया कटा हुआ	2 बड़े चम्मच

विधि-

- बादाम को थोड़ा तेल लगाकर पेपर बैग में 1½ मिनट भून लें। बीच में हिलाते रहें। ठण्ढा करके काट लें।
- हरी इलायची छील लें।
- चिकन के 8-12 पीस दही-नींबू का रस, नमक और टामैटो सॉस में मिलाकर 4 घण्टे मेरिनेशन के लिए रख दें। अगर लंच में देर हो, तो रात ही में मेरिनेट कर लें।
- कन्वेक्शन मोड को 180° पर प्रीहीट करें। पहले 30 मिनट चिकन ढक कर पकायें, फिर 15 मिनट बिना ढके।
- इसी बीच मक्खन एक माइक्रो सुरक्षित काँच के बाउल में 1 मिनट हाई मोड पर गरम करें। प्याज मिलायें और 2 मिनट बिना ढके पकायें। एक बार चला लें।
- बादाम पेस्ट बाउल में डालकर चलायें। बन्द कर 2 मिनट और माइक्रोवेव में हाई मोड पर पकायें।
- पके हुए चिकन और उसकी तरी के साथ अदरक, लौंग, इलायची पाउडर, सफेद मिर्च और हरी इलायची, प्याज और बादाम पेस्ट के साथ मिलायें। ढक कर मीडियम मोड पर 6 मिनट पकने दें।
- हटाकर क्रीम डालें और चलायें। ढक कर 5 मिनट मीडियम मोड पर फिर पका लें।
- बाउल को बाहर निकाल लें और 5 मिनट वैसे ही छोड़ दें।

- अब भुने बादाम के स्लाइस से सजाकर गरमा-गरम तन्दूरी रोटी / नॉन के साथ सर्व करें।
- यह डिश पूरी तरह कन्वेक्शन मोड पर भी बनायी जा सकती है। उसके लिए सारे मसाले डालकर चिकन को 30 मिनट ढक कर और पका लें।

मटन कोफ्ता करी

सामग्री- **समय- 18 मिनट माइक्रो**

कीमा	½ किलो	तेल	1 बड़ा चम्मच
सूखा ब्रेड क्रम्स	1½ कप	हरी मिर्च कटी हुई	4
हरा धनिया/पार्सले	2 बड़े चम्मच	काली मिर्च पाउडर	1 छोटा चम्मच
प्याज बारीक कटी हुई	1 मध्यम आकार	नमक	2 छोटे चम्मच
अदरक पेस्ट	1 छोटा चम्मच	भूरी प्याज पेस्ट	½ कप
मिर्च लहसुन पेस्ट	1 बड़ा चम्मच	मक्खन	2 बड़े चम्मच
मिर्च पाउडर	½ छोटा चम्मच	मटन स्टॉक/पानी	3 कप
सिरका	2 बड़े चम्मच	अण्डा	1
सोंठ	1 छोटा चम्मच	टमाटर प्यूरी	½ कप
ताजा क्रीम	2 बड़े चम्मच	कार्न फ्लोर	1 बड़ा चम्मच

विधि-

- क्रीम, अण्डा, सिरका, नमक, मिर्च और अदरक पाउडर एक मिक्सी में अच्छी तरह घुमा लें।
- अलग बाउल में लेकर कटी प्याज, ब्रेड क्रम्स, कटा हरा धनिया गूँध कर अच्छी तरह मिला लें।
- हाथों में थोड़ा तेल लगा कर नींबू के अचार की गोलियाँ बना लें।
- मीट बॉल को स्टीम बास्केट में रखकर हाई मोड पर 8 मिनट माइक्रो करें। 5 मिनट ढक कर वैसे ही रहने दें।
- स्टॉक, टमाटर प्यूरी, प्याज पेस्ट, अदरक पेस्ट, मिर्च, लहसुन पेस्ट, मक्खन और काली मिर्च गहरे माइक्रो सुरक्षित बाउल में डालकर ढक कर ¼ कप पानी डाल कर मिलालें और सॉस में मिलाकर 2 मिनट पका लें।
- कोफ्तों को उसी डिश में रखें, 3 मिनट हाई मोड पर पकायें।
- अब हरे धनिया से सजाकर रोटी / पराठा / रुमाली रोटी और चावल के साथ पेश करें।

विविधता के लिए-

- पके हुए मीट बॉल मेथी/पालक ग्रेवी में भी डाले जा सकते हैं। इस ग्रेवी में ½ कप दूधऔर ¼ कप क्रीम डालकर 3 मिनट पकायें। मीट बॉल डालकर मिला लें। क्रीम से सजाकर गरमा-गरम पराठे / रूमाली रोटी / चावल के साथ परोसें।

पुदीना मिर्च मटन

सामग्री- **समय- 30 मिनट माइक्रो**

बोनलेस मटन	500 ग्राम	अदरक कसा हुआ	1 बड़ा चम्मच
दही	2 कप	सफेद मिर्च पाउडर	1 छोटा चम्मच
नमक	स्वादानुसार	सफेद प्याज छोटा	2
लहसुन कसा हुआ	1 छोटा चम्मच	जीरा पाउडर	1 छोटा चम्मच
हरी मिर्च	1	हरी धनिया कटा	¼ कप

विधि-

- मटन को 1 इंच के छोटे टुकड़ों में काट लें।
- बड़े माइक्रो सुरक्षित बाउल में मटन, प्याज, अदरक-लहसुन पेस्ट, 1 छोटा चम्मच नमक, 1 कप दही और सारे साबुत मसाले की पोटली। सब लेकर ढक कर, हाई मोड पर 25 मिनट माइक्रो कुक करें।
- बाउल बाहर निकालें और 10 मिनट ऐसे ही रहने दें।
- पोटली से रस मटन में निचोड़ लें। हरी मिर्च हटा लें।
- बचा हुआ दही मिला लें।
- मिर्च पाउडर और पुदीना पाउडर छिड़क कर मिक्स करें।
- अब पिसा जीरा, धनिया डालकर वेजीटेरियन पुलाव अथवा मक्खन लगे टोस्ट के साथ सर्व करें।

विविधता के लिए-

- मटन की जगह चिकन को भी इसी विधि से बना सकते हैं। यह प्रोटीन और लॉ केलोरी डिश है। गरमी के दिनों के लिए यह बहुत बढ़िया रहती है।

आमलेट करी

सामग्री- **समय-20 मिनट माइक्रो कुकिंग**

प्याज-टमाटर पेस्ट	1 कप	चना दाल भुना	¼ कप
हल्दी पाउडर	1 छोटा	लाल मिर्च साबुत	1
हींग	½ छोटा चम्मच	टमाटर प्यूरी	¼ कप
मूँगफली भुनी	¼ कप	लाल मिर्च पाउडर	2 छोटा चम्मच
मिक्स मसाला पाउडर	1 छोटा चम्मच	जीरा	1 छोटा चम्मच
करी पत्ता	5	तेल	3 बड़े चम्मच
नमक	स्वादानुसार		

विधि-

- 1 चम्मच तेल डाल कर एक डिश को अच्छी तरह चिकना कर लें।
- अण्डा बाउल में तोड़ लें, दूध मिलाकर फेंटे। बेसन, नमक, मिर्च, लाल मिर्च पेस्ट, सोंठ मिलाकर अच्छी तरह फेंट लें। धनिया छिड़कर तेल लगी डिश में फैला लें।

- हाई मोड पर 6 मिनट पकायें। बीच में एक बार चला लें।
- बाहर निकालें और ठण्ढा होने पर चौकोर टुकड़ों मे काट कर अलग रख लें।
- भुनी मूँगफली और चना दाल को पीस लें।
- 1 मिनट के लिए हाई मोड पर तेल गरम करें। जीरा और साबुत लाल मिर्च डालें तथा 1 मिनट पकायें।
- इसमें मूँगफली, चना पाउडर, प्याज, टमाटर पेस्ट, टमाटर प्यूरी, मिर्च, हल्दी, मिक्सड मसाले हींग नमक सब मिलाकर अच्छी तरह चला लें और हाई मोड पर 2 मिनट पकायें।
- बीच में एक बार चला लें।
- आमलेट के टुकड़ों को अब डाल दें। एक छोटा चम्मच तेल गैस पर गरम करें। कढ़ी पत्ते डालें और अण्डा करी पर डाल दें।
- अब गरम चावल / रोटी / पराठे के साथ अण्डा करी जबरदस्त जायका देती है।

पालक मीट

सामग्री- **समय- 35 मिनट**

बोनलेस मटन	½ किलो	टमाटर प्यूरी	½ कप
भूरी प्याज पेस्ट	½ कप	लाल मिर्च पाउडर	2-3 छोटा चम्मच
काली मिर्च पाउडर	1 छोटा चम्मच	तेल	¼ कप
फ्रेश क्रीम	¼ कप	पालक	3 कप
काजू पेस्ट	¼ कप	अदरक लहसुन पेस्ट	2 बड़े चम्मच
लौंग पाउडर	1 छोटा चम्मच	सिरका	¼ कप
नमक	स्वादानुसार		

विधि-

- सिरके, नमक और मिर्च पाउडर के साथ मटन को 2 घण्टे मेरिनेट होने दें।
- मटन को तेल, प्याज, अदरक, लहसुन पेस्ट और मसाला पाउडर एक माइक्रो सुरक्षित बाउल में डालकर मिला लें। ढक कर हाई मोड पर 25 मिनट के लिए रखें। बीच में 2 बार चला लें।
- हटा कर डिश को 5 मिनट वैसे ही छोड़ दें।
- ढक्कन हटायें और मटन में पालक की प्यूरी, टमाटर प्यूरी, काजू पेस्ट, 1 छोटा चम्मच नमक, मिर्च पाउडर डालें। मिलाकर ढक दें और एक बार फिर 10 मिनट हाई मोड पर रख दें। बीच में चलायें।
- 5 मिनट डिश को वैसे ही छोड़ दें।
- अगर अधिक पानी लगे, तो 3 मिनट बिना ढके पका लें।
- अब परोसें। ताजा क्रीम से सजाकर पराठा / तन्दूरी / रोटी के साथ पेश करें।। यह बहुत स्वादिष्ट लगता है।

विविधता के लिए-

- बोनलेस चिकन को मटन की जगह डाल कर दस मिनट पका लें।
- काजू पेस्ट के स्थान पर बादाम का पेस्ट और ताजा क्रीम उपयोग में लायें।

महाराष्ट्रियन मटन

सामग्री- **समय- 36 मिनट माइक्रो**

मटन	*½ किलो*	*टमाटर प्यूरी*	*1 कप*
अदरक-लहसुन पेस्ट	*2 बड़े चम्मच*	*हल्दी*	*2 छोटे चम्मच*
सरसों	*1 छोटा चम्मच*	*गोडा मसाला*	*1 बड़ा चम्मच*
डगद फूल	*4*	*हरी धनिया कटी हुई*	*¼ कप*
भुना प्याज पेस्ट	*½ कप*	*लाल मिर्च साबुत*	*10*
धनिया साबुत	*2 बड़े चम्मच*	*पोस्ता*	*2 बड़े चम्मच*
सूखी गरी	*6 इंच टुकड़ा*	*इलायची*	*6*
जायफल	*1 चुटकी*	*पानी*	*500 लीटर*

विधि-

- *मटन धो कर 1 चम्मच नमक मिलाकर रख लें।*
- *मिर्चों से बीज हटा लें।*
- *नारियल, धनिया, डगद फूल, इलायची, जीरा, पोस्ता, लाल मिर्च, एक पेपर बैग में डालें और हाई मोड पर पकायें। बीच में एक बार चलायें।*
- *मटन एक अलग बाउल में रखें। ½ कप पानी में बिना ढके 5 मिनट पका लें। एक बार पलट लें।*
- *मटन को पेस्ट में अच्छी तरह मिलायें और 25 मिनट के लिए ढक कर पकायें। पहले हाई मोड पर 10 मिनट, बाद में फिर मीडियम मोड पर 15 मिनट के लिए।*
- *गैस पर तेल गरम करें। सरसों का तड़का बनाकर मटन पर डाल दें।*
- *हरी धनिया से सजायें।*
- *अब सादे चावल / फुल्के और पापड़ के साथ सर्व करें।*

विविधता के लिए-

- *इस विधि से 7 मिनट में ही चिकन बनाया जा सकता है।*
- *अथवा पनीर / अण्डा / सब्जी इस तैयार ग्रेवी में पकाये जा सकते हैं।*

मटन विण्डालू

सामग्री- **समय- 45 मिनट माइक्रो कुकिंग**

मटन	*1 किलो*	*सिरका*	*1 कप*
नमक	*2 बड़े चम्मच*	*विण्डालू मसाला*	*–*
माल्टा सिरका	*½ कप*	*अदरक पेस्ट*	*2½ बड़े चम्मच*
पोस्ता	*2 बड़े चम्मच*	*जीरा*	*1 छोटा चम्मच*

लौंग	6	हल्दी	1 छोटा चम्मच
तेल	½ कप	हरी धनिया कटी हुई	1 छोटा चम्मच
भूरी प्याज	½ कप	लहसुन पेस्ट	1 बड़ा चम्मच
लाल मिर्च साबुत	15	दालचीनी	2 टुकड़े
धनिया साबुत	2 बड़े चम्मच	काली मिर्च	10
इलायची	6	पानी	2 कप
हरा धनिया	1 छोटा चम्मच	काकटेल प्याज	10 ऐच्छिक
नमक	स्वादानुसार		

विधि-

- *मटन को नमक और 1 कप सिरके के साथ 2 घण्टे मेरिनेशन के लिए रख दें।*
- *10 मिनट हाई मोड पर मटन के बाउल में रख दें।*
- *लाल मिर्च के बीज निकाल लें।*
- *सब मसालों को पेपर बैग में डालकर हाई मोड पर 3 मिनट भून लें और एक-दो बार हिला लें।*
- *माल्ट विनेगर के साथ उनका बढ़िया-सा पेस्ट बनायें।*
- *गहरे माइक्रो सुरक्षित बाउल में 2 मिनट हाई मोड पर तेल गरम करें। मसाला पेस्ट और अदरक, लहसुन पेस्ट डालकर अच्छी तरह चलायें। हाई मोड पर बिना ढके पकायें। बीच में चला लें।*
- *मीडियम मोड पर 20 मिनट रखें। काकटेल प्याज डालें और वैसे ही 10 मिनट छोड़ दें।*
- *अब गरम अथवा ठण्ढा कर चावल-दाल के साथ परोसें।*

विविधता के लिए-

- *कटहल को भी इस विधि से बना सकते हैं। 9 मिनट हाई मोड पर, फिर मसालों को वैसे 5 मिनट हाई मोड पर रखें। फिर 5 मिनट लो मोड पर पका लें।*

विशेष-

- *यह अचार जैसा होता है, सिरके के कारण यह जल्दी खराब नहीं होता। हफ्ते तक फ्रिज में रखा जा सकता है।*

आन्ध्रा फिश करी

सामग्री- **समय- 23 मिनट माइक्रो**

मछली के टुकड़े	500 ग्राम	नमक	1 छोटा चम्मच
अदरक-लहसुन पेस्ट	1 बड़ा चम्मच	नींबू रस	2 बड़े चम्मच
भूरी प्याज पेस्ट	½ कप	टमाटर प्यूरी	½ कप
कसा हुआ नारियल	½ कप	हरी इलायची	6

हल्दी	1 छोटा चम्मच	हरा धनिया कटा हुआ	1 बड़ा चम्मच
पोस्ता	2 बड़े चम्मच	दही	½ कप
गरम मसाला	2 छोटे चम्मच	लाल मिर्च पाउडर	1 छोटा चम्मच
तेल	3 बड़े चम्मच	पानी	3 कप
मूँगफली पाउडर	¼ कप	हरी मिर्च	6
जीरा	½ छोटा चम्मच	नमक मिर्च	स्वादानुसार

विधि-

- पोस्ता ½ कप गुनगुने पानी में भिगो दें।
- फिश के टुकड़ों को नींबू के रस और नमक में भिगो दें।
- इलायची के बीज अलग रख लें।
- भुनी हुई प्याज, हरी मिर्च, अदरक, लहसुन पेस्ट, ½ कप दही मिलाकर पीस लें।
- पोस्ता पीस लें।
- माइक्रो सुरक्षित बाउल में तेल एक 1 मिनट हाई मोड पर गरम करें। प्याज का पेस्ट डालकर चलाएँ और बिना ढके 3 मिनट हाई मोड पर पकायें।
- नारियल पेस्ट, मूँगफली पाउडर अच्छी तरह मिलायें। बिना ढके 3 मिनट हाई मोड पर पकायें।
- हल्दी, मिर्च, पाउडर, नमक, गरम मसाला, इलायची बीज और पानी मिलायें।
- फिश के टुकड़ों को निकालें और ग्रेवी में डालें। ढक कर 6 मिनट हाई मोड पर माइक्रो करें। हल्के से चलायें और मीडियम मोड पर 10 मिनट रखें।
- 5 मिनट डिश को यूँही छोड़ दें।
- घी को गैस पर गरम करके, जीरे का तड़का बनायें और फिर ऊपर डाल दें।
- अब हरे धनिया से सजाकर गरमा-गरम चावल के साथ सर्व करें।

विविधता के लिए-

- फिश की जगह 6-8 उबले अण्डों को आधे करें। अण्डों के टुकड़ों को तैयार ग्रेवी में डालकर 3-4 मिनट रि-हीट कर लें।
- फिश के स्थान पर झींगा मछली भी इस विधि से खूब अच्छी बनती है।

चिकन चैट्टीनैड

सामग्री- **समय- 20 मिनट माइक्रो**

चिकन बोनलेस	½ किलो	प्याज-टमाटर पेस्ट	1 कप
उरद दाल	2 बड़े चम्मच	लौंग	4
इलायची	6	कढ़ी पत्ता	4-6 पत्ते
तेल	¼ कप	काली मिर्च	20

टमाटर प्यूरी	½ कप	दालचीनी	1 इंच
तेज पत्ता	1	काजू	2
हल्दी	1 छोटा चम्मच	अदरक-लहसुन पेस्ट	-
मेथी दाना	1 छोटा चम्मच	नींबू रस	2 बड़े चम्मच
जीरा	1 छोटा चम्मच	पोस्ता	2 छोटे चम्मच
लहसुन पेस्ट	2 छोटे चम्मच	लाल मिर्च साबुत	6
नमक	स्वादानुसार		

विधि-

- लाल मिर्च के बीज निकाल लें। उरद दाल भिगो लें।
- काली मिर्च, जीरा, काजू, पोस्ता, मेथी दाना, साबुत लाल मिर्च पेपर बैग में रखकर हाई मोड पर 1½ मिनट भून लें।
- हटा कर ठण्डा होने दें। फिर ½ कप पानी के साथ फिर पीस लें।
- बोनलेस चिकन के 2 इंच टुकड़ों में नींबू का रस नमक, अदरक लहसुन पेस्ट के साथ मेरिनेट करें।
- 1 मिनट हाई मोड पर तेल गरम करें और उरद दाल व सारे मसाले डालकर हाई मोड पर 2 मिनट बिना ढके पकायें।
- प्याज और टमाटर पेस्ट हाई मोड पर 2 मिनट बिना ढके पकायें।
- टमाटर प्यूरी और तेज पत्ता डालकर बिना ढके 1 मिनट चलायें।
- पिसा मसाला व चिकन को अच्छी तरह मिला कर 2 मिनट हाई मोड पर बिना ढके पकायें। बीच में चला लें।
- 2 कप पानी डालकर अच्छी तरह चलायें। डिश ढक कर मीडियम मोड पर 10 मिनट रखें, बीच में चलायें।
- 3 मिनट ऐसे ही रहने दें।
- अब सर्विंग बाउल में डालकर तीखा पसन्द करते हों, तो 4-6 काली मिर्च कूटकर बुरक दें। पराठे अथवा चावल-दाल के साथ इसका स्वाद लें।

विशेष-

- यह मसालेदार बगैर तरी की डिश है।

मुर्ग हरी मिर्च

सामग्री- **समय- 23 मिनट माइक्रो**

चिकन	1 किलो	नींबू का रस	1 बड़ा चम्मच
काजू पेस्ट	½ कप	दही	½ कप
नींबू	1 बड़ा	मक्खन	100 ग्राम
तेज पत्ता	2	गुड़	1½ टुकड़ा

लाल मिर्च साबुत	2	हरा रंग	3-4 बूँद
बादाम पेस्ट	¼ कप	ताजा क्रीम	½ कप
अदरक पेस्ट	1 बड़ा चम्मच	हरी मिर्च	100 ग्राम
तिल	3 बड़े चम्मच	इमली	नींबू जितना
धनिया पत्ती	4-6	पानी	2 कप
स्याह जीरा	1 छोटा चम्मच	हरी इलायची	4
हींग	¼ छोटा चम्मच	लौंग	4
सफेद मिर्च पाउडर	1 छोटा चम्मच	सरसों	1 छोटा चम्मच
तेल	2 छोटे चम्मच	कढ़ी पत्ता	4-6
नमक	स्वादानुसार		

विधि-

- नींबू का रस निचोड़ कर निकाल कर रख लें।
- चिकन के छोटे-छोटे टुकड़े काटकर नींबू के रस, नमक-मिर्च के साथ मेरिनेट करें। 30 मिनट के लिए छोड़ दें।
- जीरा और साबुत मिर्च को छोड़कर सारे मसाले पीस लें।
- 1 कप पानी हाई मोड पर 1 मिनट रखें। उसमें इमली भिगो कर अलग रख दें।
- गुड़ को कद्दूकस करें। मिर्ची के बीज निकाल लें।
- तिल भून कर 1½ मिनट हाई मोड पर रखें।
- हरा धनिया काटकर ½ कप दही व तिल के साथ पीस लें।
- एक माइक्रो सुरक्षित बाउल में मक्खन गरम करें और जीरा डालकर 1 मिनट हाई मोड पर चलायें।
- हरी मिर्च, अदरक पेस्ट, मक्खन में मिलाकर हाई मोड पर 2 मिनट पकायें और चलायें।
- बादाम व काजू पेस्ट, हींग, पिसे मसाले, लाल मिर्च और नमक अच्छी तरह मिलाकर 2 मिनट हाई मोड पर पकायें। बीच में एक बार चलायें।
- 2 कप पानी डालकर चिकन के टुकड़ों को अच्छी तरह मिलाकर हाई मोड पर 2 मिनट और 5 मिनट मीडियम मोड पर पकायें। बीच में एक बार चलायें।
- इमली और गुड 2 मिनट ढक कर पकायें।
- क्रीम और नींबू का रस ग्रेवी में डालकर मिला लें और नमक चख लें।
- गैस पर सरसों और कढ़ी पत्तों का तड़का तैयार करें और डिश पर उलट दें।
- परोसने से पहले 2 मिनट मोड पर गरम करें।

पान्ध्रा रसा (मटन की सफेद करी)

सामग्री- **समय- 45 मिनट माइक्रो**

मटन	500 ग्राम	तेल	2 बड़े चम्मच
हरी इलायची	4	लौंग	6
पानी	5 कप	तिल	2 बड़े चम्मच
अदरक-लहसुन पेस्ट	1 बड़ा चम्मच	दालचीनी	1 इंच टुकड़ा
काली मिर्च	15	हरी मिर्च	4
पोस्ता	2 बड़े चम्मच	काजू	10
जीरा	½ छोटा चम्मच	नमक	स्वादानुसार

विधि-

- एक कप पानी 1 मिनट के लिए हाई मोड पर गरम करें और तिल, पोस्ता, नारियल, काजू को 30 मिनट के लिए भिगो लें।
- माइक्रो सुरक्षित बाउल में 2 बड़े चम्मच तेल डालकर अदरक, लहसुन पेस्ट को मिलायें और 1 मिनट हाई मोड पर पका लें।
- मटन डालें और सारे मसाले तथा पानी डालकर ढकें और हाई मोड पर 25 मिनट के लिए उबालें।
- 10 मिनट छोड़कर पलेट से हल्का-सा मसल लें।
- भीगे हुए साबुत मसालों को पीस कर बारीक पेस्ट बना लें।
- छन्नी से छानकर स्टॉक अलग रख लें।
- माइक्रो सुरक्षित बाउल में 2 चम्मच तेजपत्ता, हरी मिर्च, काजू पेस्ट अच्छी तरह मिलाकर बिना ढके पकायें। 3 मिनट हाई मोड पर पकाते हुए, 2 मिनट बाद में चला लें।
- नमक और स्टॉक डाल दें।
- गैस पर जीरे का तड़का तैयार कर बाउल में डालें।
- हाई मोड पर 15 मिनट पका कर, 5 मिनट के लिए वैसे ही छोड़ दें।
- तेजपत्ता और हरी मिर्च परोसने से पहले हटा लें।

विशेष-

- सफेद करी के साथ मटन पान्ध्रा रसा कोल्हापुर की खास डिश है। खाने के बीच में इसकी चुस्की विशेष मज़ा देती है।
- किसी भी महाराष्ट्रियन भारतीय खाने के साथ सर्व करें।

झींगा नारियल करी

सामग्री- **समय- 15 मिनट माइक्रो**

झींगा	½ किलो	सरसों तेल	4 बड़े चम्मच
अदरक पेस्ट	1 छोटा चम्मच	जीरा	1 छोटा चम्मच
हल्दी	1 छोटा चम्मच	चीनी	1 छोटा चम्मच
धनिया पत्ती	2 बड़े चम्मच	नारियल का दूध	1½ कप
प्याज-टमाटर पेस्ट	½	लाल मिर्च साबुत	2
लाल मिर्च पाउडर	1 छोटा चम्मच	मिक्सड मसाला पाउडर	1 छोटा चम्मच
नमक	स्वादानुसार		

विधि-

- गैस पर तेल तड़के के लिए जितना गरम करके एक ओर रख दें।
- झींगा साफ करके ठण्ढे पानी में धो लें।
- उसे नमक और हल्दी लपेट कर 30 मिनट के लिए रख दें।
- तेल और मेरिनेटेड झींगे को हीट प्रूफ डिश में साबुत लाल मिर्च, जीरा के साथ 3 मिनट हाई मोड पर माइक्रो करें। बीच में एक बार हिलायें। गुलाबी होने पर उन्हें एक बार चला लें।
- प्याज, टमाटर पेस्ट, अदरक पेस्ट, मिर्च, हल्दी, नमक, चीनी और मिक्सड मसाला डालकर बिना ढके 2 मिनट हाई मोड पर रखें।
- झींगा मिलायें और नारियल का दूध डालकर डिश को ढक्कन से बन्द कर, 10 मिनट मीडियम मोड पर माइक्रो करें।
- 5 मिनट डिश को वैसे ही छोड़ दें।
- अब हरी धनिया से सजाकर झींगा करी रोटी / पराठे / चावल के साथ सर्व करें।

विविधता के लिए-

- झींगे के स्थान पर मछली के 1½ - 2 इंच के टुकड़े कर इस विधि में पकायें जा सकते हैं। एक लज़ीज़ डिश का स्वाद चखें और मेहमानों को पेश करें।,

बघारे चावल

सामग्री- **समय- 20 मिनट माइक्रो**

बासमती चावल	2 कप	नमक	1 चम्मच
पानी	2-3 कप	तेल	2 बड़े चम्मच
लौंग	4-5	जीरा	1 छोटा चम्मच
तेजपत्ता	1	काली मिर्च	8-10
जावित्री	1-2 छोटा टुकड़ा	हरी इलायची	2-3
तले किशमिश	10-12 (ऐच्छिक)	तले काजू	10-12

विधि-

- चावलों को धो कर आधे घण्टे के लिए भिगों दें।
- गैस पर तेल गरम कर जिन साबुत मसालों की खुशबू चावलों में चाहते हों, उस काम्बिनेशन का तड़का बना कर माइक्रो सुरक्षित बाउल में डाल लें।
- चावलों को उसमें मिलाकर नमक (ऐच्छिक) पानी डालकर 5 मिनट के लिए ढक कर हाई मोड पर पकायें। ध्यान रहे ढक्कन खुला न रहे।
- ढक्कन खोल कर एक बार चलायें, फिर 12 मिनट के लिए मीडियम मोड पर रखें दें। 5 मिनट वैसे ही छोड़ दें।
- अब राइस प्लेट में चावल निकाल कर, तले हुए काजू व किशमिश सजा दें और किसी नॉनवेज/वेज करी के साथ सर्व करें।

हरी मटर पुलाव

सामग्री- **समय- 25 मिनट माइक्रो**

बासमती चावल	$1\frac{1}{2}$ कप	अदरक करारे	1 छोटा चम्मच
तेल	3 बड़े चम्मच	बड़ी इलायची	2
पानी	2 छोटा चम्मच	काजू	15
हरी मटर दाने	2 कप	भुनी हुई प्याज	$\frac{1}{4}$ कप
लौंग	3	हरी मिर्च पेस्ट	1 छोटा चम्मच
नींबू रस	1 बड़ा चम्मच	दूध	1 कप
किशमिश	20-25 (ऐच्छिक)	नमक	स्वादानुसार

विधि-

- चावल को धो कर आधे घण्टे के लिए भिगो लें।
- तेल में काजू व किशमिश को 2 मिनट हाई मोड पर रखें, फिर निकाल लें।
- उसी तेल में जीरा, काली मिर्च, लौंग, बड़ी इलायची, बड़े माइक्रो सुरक्षित बाउल में 3 मिनट हाई मोड पर पकायें।
- चावल का पानी अलग करें और तेल में 2 मिनट हाई मोड पर बिना ढके पकायें।
- हरी मटर, भुनी प्याज, पानी, नमक, मिर्च, पेस्ट, नींबू का रस चावल में मिलायें और 8 मिनट हाई मोड पर ढक कर पकायें।
- ढक्कन हटायें, दूध छिड़कें और धीरे-धीरे चलायें।
- पुदीना पाउडर और अदरक के कतरे डालकर 10 मिनट मीडियम मोड पर पकायें।
- 5-10 मिनट यूँही रहने दें, फिर सर्विंग बाउल में डालकर काँटे से दाने अलग कर लें।
- किशमिश को थोड़े तेल में गैस पर तल लें और चावलों पर सजायें।
- यह मटर पुलाव, दही, पापड़ और आम अथवा लाल मिर्च के अचार के साथ खूब मज़ा देता है।

विविधता के लिए-

- *गोभी / उरद बड़ी / सोया बड़ी, मटर के स्थान पर डालकर इस विधि से पुलाव तैयार किये जा सकते हैं।*

सोयाबीन बडी पुलाव

सामग्री- **समय- 26 मिनट**

सोयाबीन बड़ी	1½ *कप*	*चावल*	1½ *कप*
भुनी हुई प्याज	½ *कप*	*हरी मटर*	½ *कप*
तेल	¼ *कप*	*लाल मिर्च पाउडर*	2 *छोटे चम्मच*
काली मिर्च	10	*हल्दी पाउडर*	1 *छोटा चम्मच*
लौंग	6	*तेजपत्ता*	1
गरम मसाला	1 *छोटा चम्मच*	*पानी / वेज स्टॉक*	4 *कप*
टमाटर प्यूरी	½ *कप*	*गाजर*	¼ *कप*
अदरक लहसुन पेस्ट	1 *बड़ा चम्मच*	*कसूरी मेथी*	2 *बड़े चम्मच*
लाल मिर्च साबुत	2	*नमक*	*स्वादानुसार*

विधि-

- *सोयाबीन बड़ी को एक छोटा चम्मच नमक और पानी के साथ 1 मिनट उबाल कर अलग रख दें।*
- *ठण्ढा होने पर छान कर पानी निचोड़ लें।*
- *चावल को आधा घण्टे के लिए भिगो दें।*
- *एक माइक्रो सुरक्षित बाउल में तेल डालकर 1 मिनट हाई मोड पर रखें।*
- *उसमें जीरा, काली मिर्च, हल्दी पाउडर, टमाटर प्यूरी, उबली सोयाबीन बड़ी डालकर चला लें।*
- *मटर के दाने और गाजर के टुकड़े डाल दें। ढक कर 3 मिनट पकायें। बाहर निकालें और ढका ही रहने दें।*
- *पानी/स्टॉक, तेजपत्ता, चावल और नमक उसी बाउल में डालकर मिला लें और 10 मिनट हाई मोड पर ढक कर पकायें।*
- *ढक्कन खोलें और हल्के से सब मिला लें, फिर 10 मिनट मीडियम मोड पर रखें।*
- *लाल शिमला मिर्च के कतरे डालें और 5 मिनट डिश को ऐसे ही रहने दें।*
- *अब काँटे से पुलाव हल्के से चलाकर सर्विंग बाउल तथा राइस प्लेट में निकालें। पुलाव दही के रायते और अचार के साथ हो, तो क्या कहने।*

पाइन ऐपल राइस

सामग्री- **समय- 28 मिनट माइक्रो**

बासमती चावल	1½ *कप*	*सोंठ*	1 *छोटा चम्मच*
नमक	*स्वादानुसार*	*पाइन ऐपल (अनान्नास) टुकड़े*	1½ *कप*
काजू	12	*चीनी*	2 *बड़े चम्मच*

मक्खन	2 बड़े चम्मच	सफेद मिर्च पाउडर	1 छोटा चम्मच
पाइन ऐपल जूस	3 कप	नींबू	1
काली किशमिश	20–25		

विधि-

- चावल को 30 मिनट धो कर भिगो दें।
- किशमिश को गुनगुने पानी में भिगो कर रख दें।
- माइक्रो सुरक्षित बाउल में 1 मिनट हाई मोड पर मक्खन गरम करें।
- उसमे काजू मिलाकर एक मिनट हाई मोड पर रखें और हटा लें। ठण्ढा होने पर महीन-महीन काट लें।
- उसी बाउल में पाइन ऐपल जूस, सोंठ, नमक, मिर्च और चीनी डालकर 5 मिनट हाई मोड पर उबालें।
- पानी निथार कर चावल उबलते पानी में डाल दें।
- उसमें नींबू निचोड़कर चावल 15 मिनट हाई मोड पर पकायें।
- 15 मिनट बाद ढक्कन खोलकर, पाइन ऐपल के टुकड़े, आधे काजू, किशमिश डालें और हल्के से चलायें। मोड पर 6 मिनट पका लें।
- 10 मिनट के लिए डिश को वैसे ही छोड़ दें।
- काँटे (फोर्क) की सहायता से चावलों को अलग-अलग कर खिला रूप दें।
- अब गरमा-गरम चावल तले काजुओं से सजाकर परोसें। किसी भी वेज-नॉनवेज करी के साथ खाने का आनन्द लें।

जर्द बिरिंज अकबरी

सामग्री- **समय- 30 मिनट माइक्रो**

बासमती चावल	¾ कप	गेहूँ दलिया	½ कप
मसूर	1/3 कप	दालचीनी	1 इंच का टुकड़ा
हरी इलायची	4	जावित्री	¼ चम्मच
काला जीरा	1 छोटा चम्मच	प्याज	1
लहसुन पेस्ट	15 ग्राम	क्रीम	¼ कप
मटर के दाने	1 कप	पालक करी	2 कप
नमक	स्वादानुसार	गुलाबजल	1 छोटा चम्मच
बादाम	10	लौंग	4
इलायची पाउडर	चुटकी भर	तेज पत्ता	2
काली मिर्च	15	घी	3 बड़े चम्मच
अदरक पेस्ट	1 छोटा चम्मच	दही	¼ कप
जायफल	½	केसर	2-3 रेशे

विधि-

- *दलिया, चावल और मसूर को साफ कर धो लें और एक घण्टे के लिए भिगो दें।*
- *दही फेटें, क्रीम, जायफल पाउडर, जावित्री, इलायची पाउडर व थोड़ा नमक के साथ मिलाकर एक ओर रख दें।*
- *पेपर बैग में 1½ मिनट के लिए काजू-बादाम भून लें और बीच में एक बार हिला लें।*
- *केसर को 1 बड़े चम्मच गरम पानी दूध में घोल लें।*
- *बड़े चम्मच घी को माइक्रो सुरक्षित बाउल में गरम करें और कटी पालक उसमें डाल दें। चलाकर 2 मिनट हाई मोड पर रखें।*
- *2 बड़े चम्मच घी एक बड़े बाउल में गरम करें और स्याह जीरा डाल कर 1 मिनट हाई मोड पर रखें।*
- *उसमें प्याज, लहसुन, अदरक पेस्ट मिलाकर हाई मोड पर 2 मिनट के लिए रखें। एक बार चला लें।*
- *दलिया, चावल व दाल प्याज में मिलायें और 2 मिनट हाई मोड पर बिना ढके पकायें।*
- *लौंग, दालचीनी, बड़ी इलायची, तेज पत्ता, काली मिर्च और नमक मिलाकर अच्छी तरह चलायें।*
- *हरी मटर और 3 कप पानी डालकर 29 मिनट और पकायें। पहले 10 मिनट हाई मोड पर और 10 मिनट फिर मीडियम मोड पर पकायें।*
- *ढक्कन 15 मिनट बाद खोलें।*
- *पकी पालक, केसर और दही मिक्चर 15 मिनट बाद मिला लें और पकायें।*
- *अब ढक्कन खोलकर काँटे की सहायता से हल्के से चलायें।*
- *भुने हुए काजू और बादाम से सजायें तथा कुछ बूँद गुलाब जल की डाल कर दही के साथ गरमा-गरम पेश करें।*

विविधता के लिए-

- *मसूर और पालक की जगह मूँग और मेथी साग का इस्तेमाल करें।*
- *बादाम-काजू की जगह मूँगफली और किशमिश डालें।*

विशेष-

- *यह कम खाने में गुणकारी भोजन है। कहते हैं बादशाह अकबर की यह एक खास पसन्द थी।*

नारियल चावल

सामग्री- **समय- 8 मिनट माइक्रो कुकिंग**

पका हुआ चावल	2 कप	नारियल	1
चना दाल	1 बड़ा चम्मच	तेल	3 बड़े चम्मच
उरद दाल	1 बड़ा चम्मच	सरसों	1 छोटा चम्मच
काजू	12	हींग	½ छोटा चम्मच
नमक	स्वादानुसार	कढ़ी पत्ता	4-6
लाल मिर्च साबुत	2		

विधि-

- *नारियल को मोटा-मोटा कद्दू कस कर लें।*
- *माइक्रो सुरक्षित बाउल में तेल 1 मिनट के लिए हाई मोड पर गरम करें। काजू डालें और तेल में अच्छी तरह मिला लें। 1 मिनट हाई मोड पर पका लें।*
- *काजू पेपर नैपकिन पर निकाल लें।*
- *उसी तेल में लाल मिर्च डालें और 1 मिनट हाई मोड पर रखें। फिर मिर्च हटा लें। सरसों, कढ़ी पत्ता, उरद, चना दाल हाई मोड पर 2 मिनट पकायें।*
- *हींग, नमक, कसा हुआ नारियल हाई मोड पर बिना ढके पकायें। उबला चावल अच्छी तरह मिलायें। ढक्कन लगाकर री-हीट मोड पर 2 मिनट गरम करें।*
- *अब तले काजुओं से सजा कर वेज / नॉन वेज करी के साथ गरमा-गरम परोसें।*

तिल चावल

सामग्री- **समय- 6 मिनट माइक्रो**

उबले हुए चावल	3 *कप*	*तिल*	1 *कप*
हरी धनिया कटी हुई	¼ *कप*	*नमक*	*स्वादानुसार*

विधि-

- *तिलों को एक पेपर बैग में रखकर हाई मोड पर 2 मिनट रखें। एक बार हिला लें और ठण्ढा होने दें।*
- *भुने हुए तिलों को हल्का-सा पीस लें।*
- *चावल को खुले बर्तन में रखें। ¾ भुने तिल पाउडर मिला दें और नमक छिड़क कर अच्छी तरह मिलायें और माइक्रो सुरक्षित बाउल में डालकर 3-4 मिनट री-हीट मोड पर ढक कर पकायें।*
- 2 *मिनट वैसे ही छोड़ दें।*
- *अब गरम तिल-चावल को धनिया से सजाकर किसी भारतीय खाने के साथ परोसें।*

स्वाद भरी मूँग खिचड़ी

सामग्री- **समय- 30 मिनट माइक्रो**

धुली हुई मूँग	½ *कप*	*चावल के टुकड़े*	1 *कप*
अदरक कसा हुआ	1 *बड़ा चम्मच*	*लहसुन पेस्ट*	1 *छोटा चम्मच*
हींग	¼ *चम्मच*	*घी*	2-3 *बड़े चम्मच*
तले हुए प्याज	2 *बड़े चम्मन्च (ऐच्छिक)*	*जीरा*	½ *छोटा चम्मच*
लाल मिर्च साबुत	1	*नमक*	*स्वादानुसार*
पानी	6 *कप*		

विधि-

- *चावल और दाल को धो कर आधे घण्टे के लिए अलग भिगो दें।*
- *दोनों का पानी हटा कर एक माइक्रो सुरक्षित बाउल में डालें। 5 कप पानी, अदरक, लहसुन पेस्ट डालकर 20 मिनट हाई मोड पर बिना ढके पकायें। 15 मिनट बाद चला लें।*
- *एक कप पानी और डालें, खिचड़ी चलायें। मीडियम मोड पर 10 मिनट रखें और 3 मिनट छोड़ दें।*
- *एक पैन में घी गरम करें और लाल मिर्च डालकर तुरन्त अलग हटा लें। उसी में जीरा डालकर हींग डालें और खिचड़ी पर बराबर से उँडेल दें।*
- *दही, पापड़ अचार और शुद्ध घी, खिचड़ी के साथी कहे जाते हैं, उनके साथ परोसें और स्वाद का आनन्द दिलायें।*

विविधता के लिए-

- *इस विधि से मूँग की जगह छिलका मूँग, छिलका उरद दाल या चना दाल भी बनायी जा सकती है। उरद और चने में 5-6 मिनट और पकायें। उरद दाल में अदरक के कतरे डालें और बाद में ऊपर से घी में तैयार लहसुन का तड़का डालें और चना दाल में बड़ी इलायची, काली मिर्च, लौंग से बघारे तथा पकते समय आधा कप लौकी के छोटे-छोटे टुकड़े डालें और तली हुई उरद बडी भी।*
- *दालों की जगह हरी मटर-चावल की मसालेदार खिचड़ी भी इसी विधि से बनायी जा सकती है। इसमें बड़ी इलायची, तेज पत्ता, काली मिर्च, लौंग के साथ पकायें और शुद्ध घी में प्याज का तड़का तैयार कर ऊपर से परोसते समय डालें।*

केसरिया पुलाव

सामग्री- **समय- 28 मिनट माइक्रो**

बासमती चावल	$1\frac{1}{2}$ *कप*	*कटे हुए प्याज*	$\frac{1}{4}$ *कप*
दूध में भीगा केसर	2-3 *रेशे*	*काली मिर्च*	15-20
दाल चीनी	1 *इंच*	*दूध*	1 *कप*
अंकुरित मसूर दाल	2 *कप*	*अदरक के कतरे*	1 *बड़ा चम्मच*
लाल मिर्च पेस्ट	1 *छोटा चम्मच*	*बड़ी इलायची*	2
स्याह जीरा	1 *छोटा चम्मच*	*मिर्च फ्लेक*	1 *बड़ा चम्मच*
पानी / स्टॉक	3 *कप*	*नींबू*	1 *बड़ा*
तुलसी	2 *बड़े चम्मच*	*नमक*	*स्वादानुसार*

विधि-

- *चावल धो कर 30 मिनट भिगो दें।*
- *धो कर अंकुरित मसूर दाल भिगो दें।*
- *नींबू का रस निकाल कर रख लें।*

- तेल, जीरा, काली मिर्च, लौंग, बड़ी इलायची एक माइक्रो सुरक्षित बाउल में डालें और हाई मोड पर 3 मिनट के लिए रखें।
- चावल का पानी निकाल लें और दाल में मिलाकर हाई मोड पर 3 मिनट बिना ढके पकायें। एक बार चला लें।
- तला प्याज, पानी, नमक, मिर्च पेस्ट और नींबू का रस चावल में मिलायें, ढक कर 10 मिनट हाई मोड पर पकायें।
- ढक्कन खोलें, दूध व केसर छिड़कर धीरे से चलायें।
- मिर्च फ्लेक और कतरे अदरक डाल दें। फिर ढक कर 12 मिनट मीडियम मोड पर पकायें।
- 5 मिनट डिश को ऐसे ही रहने दें और सर्व करने से पहले चावल को काँटे की सहायता से अलग कर लें।
- अब तुलसी के पत्तों और बादाम के कतरों से सजायें, गरमा-गरम परोसें। दही और टमाटर की चटनी/सॉस के साथ पेश करें।

मुर्ग यखनी पुलाव

सामग्री- **समय- 50 मिनट**

पुलाव के लिए-

चावल	$1\frac{1}{2}$ कप	हरी इलायची	4
तेल	3 बड़े चम्मच	लौंग	10
दही	$\frac{3}{4}$ कप	नमक	स्वादानुसार
कश्मीरी मिर्च पाउडर	1 बड़ा चम्मच		

मक्खनी के लिए-

चिकन	800 ग्राम	सौंफ पाउडर	1 बड़ा चम्मच
दाल चीनी का टुकड़ा	1 इंच	पानी	500 मिली लीटर
लौंग	6	हरी मिर्च	4
अदरक पाउडर सोंठ	1 छोटा चम्मच	नमक	स्वादानुसार

मखनी विधि-

- चिकन को धो कर साफ कर लें।
- यखनी के मसाले पानी/स्टॉक माइक्रो सुरक्षित बाउल में रखकर 25 मिनट रखें। पहले 8 मिनट हाई मोड पर, फिर 16 मिनट मीडियम मोड पर। 5-10 मिनट वैसे ही छोड़ दें।

पुलाव विधि-

- चावल धो कर भिगो दें।
- एक बड़े माइक्रो सुरक्षित बाउल में घी गरम करें। सारे मसाले डालकर 2 मिनट हाई मोड पर रखें।
- चावल में यखनी में से निकाले चिकन के टुकड़े डालें और 3 मिनट पका कर एक बार चला लें।

- उसमें दही चिकन की यखनी, कश्मीरी मिर्च पाउडर, नमक डालकर ढक कर 20 मिनट पकायें। पहले 6 मिनट हाई, फिर 4 मिनट मीडियम मोड पर ढक कर पकायें। 5-10 मिनट छोड़ दें।
- अब राइस प्लेट में पुलाव डालकर चिकन के टुकड़े ऊपर से सजाकर गरमा-गरम सर्व करें। चाहे तो तले हुए प्याज के छल्लों से भी सजा लें।
- पकाते समय थोड़ी कश्मीरी मिर्च का प्रयोग पुलाव का स्वाद बढ़ा देता है।

मटन पुलाव

सामग्री- **समय- 43 मिनट माइक्रो**

बासमती चावल	2 कप	भूरी प्याज	½ कप
टमाटर प्यूरी	¼ कप	स्याह जीरा	1 छोटा चम्मच
बड़ी इलायची	3	तेज पत्ता	2
हल्दी	1 छोटा चम्मच	चेरी टोमेटो	16
पानी	3 कप	अदरक कतरे हुए	1 बड़ा चम्मच
मटन	½ किलो	अदरक-लहसुन पेस्ट	1 बड़ा चम्मच
तेल	¼ कप	काली मिर्च	15
दाल चीनी	2 इंच के टुकड़े	लाल मिर्च पाउडर	1 बड़ा चम्मच
पुदीना पाउडर	1 छोटा चम्मच	नींबू रस	1 बड़ा चम्मच
दूध	1 कप	कच्चा पपीता	½

विधि-

- कच्चा पपीता कद्दूकस करें, मटन में मिलाकर 2 घण्टे रख दें। टुकड़ों को हिलायें और पपीता अलग कर लें।
- चावल 30-40 मिनट भिगो लें।
- माइक्रो सुरक्षित बाउल में 1 कप दूध के साथ मटन उबालें।
- आधे कप पानी, अदरक, लहसुन पेस्ट, तेजपत्ता, सारे मसाले 20 मिनट ढक कर पकायें। 10 मिनट हाई मोड पर और 10 मिनट मीडियम मोड पर। 10 मिनट ऐसे ही छोड़ दें।
- माइक्रो सुरक्षित बाउल में तेल गरम कर जीरे के साथ 1 मिनट हाई मोड पर रखें। प्याज पेस्ट व चावल मिलायें और 2 मिनट बिना ढके हाई मोड पर पकायें।
- हल्दी, मिर्च और पुदीना पाउडर, नमक और नींबू रस में मिलायें।
- मटन को निकालें और चावल में मिलायें। बची तरी, टमाटर प्यूरी और चार कप पानी चावल में मिलायें।
- डिश ढकें और 20 मिनट पकायें, 10 मिनट हाई और 10 मिनट मीडियम मोड पर पकायें।
- 15 मिनट बाद ढक्कन खोलें, टमाटर और अदरक के कतरों से सजायें। 10 मिनट डिश को वैसे ही छोड़ दें।
- अब पुलाव को काँटे की सहायता से चलायें और प्याज के रायते और मटन शोरबे के साथ परोसें।

मटन और वेजिटेबल खिचड़ी

सामग्री- **समय- 30 मिनट माइक्रो**

बासमती चावल	1½ कप	तेल	3 बड़े चम्मच
टमाटर प्यूरी	¼ कप	अदरक-लहसुन पेस्ट	2 छोटे चम्मच
पुदीना पाउडर	1 छोटा चम्मच	पानी/मटन स्टॉक	4 कप
कीमा	250 ग्राम	जीरा	1 छोटा चम्मच
प्याज	2 बड़े चम्मच	मिक्सड प्याज पाउडर	1 छोटा चम्मच
मिलीजुली कटी सब्जियाँ	2 कप		

विधि-

- एक माइक्रो सुरक्षित बाउल में तेल गरम करें। जीरा डाल कर 1 मिनट पकायें।
- कीमा, अदरक पेस्ट, नमक मिर्च और पुदीना पाउडर मिलायें। अच्छी तरह चलायें और 4 मिनट हाई मोड पर पकायें। 2 मिनट बाद मीट की गाँठ बन गयी हों, तो तोड़ लें।
- मीट के ऊपर सब्जियाँ फैला दें। सब्जियों पर चावल फैलायें और बिना ढके 2 मिनट हाई मोड पर पका लें।
- टमाटर प्यूरी, मिक्सड मसाला पाउडर, पानी/स्टॉक मिलाकर चलायें। ढक कर हाई मोड पर 10 मिनट, फिर 12 मिनट मीडियम मोड पर पकायें। 5-7 मिनट के लिए वैसे ही छोड़ दें।
- अब तले प्याज के छल्लों और रायते के साथ गरमा-गरम परोसें। यह बच्चों-बूढ़ों के लिए पूर्ण भोजन है।

विविधता के लिए-

- पानी में फूले सोयाबीन बड़ी ग्रेन्यूल्स पानी निकाल कर मटन के स्थान पर प्रयोग किये जा सकते है।

❖❖❖

डेजर्ट्स/स्वीट डिश (मीठे व्यंजन)

आम की केसरिया फिरनी

सामग्री- **समय- 11 मिनट माइक्रो**

दूध	800 *मिलीलीटर*	*चीनी*	¼ *कप*
हरी इलायची	*4*	*भीगे केसर धागे वाला दूध*	2 *बड़े चम्मच*
पिस्ता	*सजाने के लिए*	*चावल*	¼ *कप*
आम का गूदा	½ *कप*	*केसर*	*कुछ धागे*
बादाम	8		

विधि-

- ½ *कप पानी में साफ धुले चावल 3 घण्टे के लिए भिगो दें।*
- 1 *कप दूध डालकर चावल को दरदरा अथवा बारीक पीस लें।*
- *इलायची छील लें, बादाम के टुकड़े अलग कर लें, पिस्ता काट लें।*
- *एक बड़े माइक्रो सुरक्षित बाउल में चावल और 600 मिली लीटर दूध हाई मोड पर 5 मिनट बिना ढके रखें और चलायें। गाँठ बन गयी हो, तो तोड़ लें। 2 मिनट बाद बीच में चला लें। आम का गूदा मिलाकर अच्छी तरह चला लें।*
- *हल्का ठण्ढा होने पर अलग-अलग बाउल में डालकर सेट कर लें।*

- *पिस्ते के कतरे तथा छिले बादाम को अलग-अलग 2 टुकड़ों से सजाकर फ्रिज में ठण्ढा कर लें।*
- *खाने के बाद फ्रिज से निकाल कर सर्व करें।*

विविधता के लिए-

- *बिना आम के गूदे के भी फिरनी का खाने के बाद अनोखा स्वाद बेहद मज़ा देता है।*

कैबेज सुप्रीम

सामग्री- **समय- 23 मिनट माइक्रो**

पत्ता गोभी	4 *कप*	*दूध*	350 *मिलीलीटर*
हरी इलायची	4	*पिस्ता*	12
सूजी	¼ *कप*	*दूध*	3 *कप*
बादाम	10	*किशमिश*	¼ *कप*

विधि-

- *पत्ता गोभी से पत्ते निकाल लें और बीच से डण्डी निकालें और धो कर काट लें।*
- *स्टीमिंग बास्केट में डालकर हाई मोड पर 6 मिनट रखें, फिर 3 मिनट ठण्ढा होने दें।*
- *हाई मोड पर सूजी भून लें और बीच में चला लें।*
- *किशमिश साफ कर गुनगुने पानी में भिगो दें।*
- *पिस्ता-बादाम छील कर बीच से टुकड़े अलग कर लें।*
- *1 कप दूध डालकर पत्ता गोभी के पत्तों की प्यूरी बना लें।*
- *इलायची व सूजी के साथ प्यूरी को एक माइक्रो सुरक्षित बाउल में डालकर अच्छी तरह चलायें। कोई गाँठ न रह जाये।*
- *हाई मोड पर 10 मिनट पकायें। बीच में 2 बार चलायें।*
- *फूले हुए किशमिश व पत्ता गोभी को खीर में डालें। फ्रिज में रखकर ठण्ढा कर लें।*
- *अब बादाम को छीलकर दोनों टुकड़े अलग कर लें।*
- *पिस्ते के कतरों और बादाम के टुकड़ों से सजाकर परोसे।*

विशेष-

- *बगैर भिगोये किशमिश, बादाम को हल्का-सा तल लें, तो स्वाद बेहतरीन होगा।*

विविधता के लिए-

- *पत्ता गोभी की बजाय कसा गाजर/कसी लौकी की खीर भी इसी विधि से बना सकते हैं। बस गाजर 5 मिनट और लौकी 3 मिनट माइक्रो करें।*

फालूदा

सामग्री- **समय- 6 मिनट माइक्रो**

कार्नफ्लोर	½ कप	चीनी	1 बड़ा चम्मच
पानी	¼ कप	ठण्ढा पानी	1 लीटर

विधि-

- एक बाउल में ठण्ढा पानी लें।
- कार्नफ्लोर चीनी और पानी एक माइक्रो सुरक्षित बाउल में डालकर अच्छे से मिला लें और हाई मोड पर 2 मिनट बिना ढके पकायें। एक मिनट बाद चला लें।
- 3-4 मिनट मीडियम मोड पर चलाते हुए पकायें, जब तक वह गाढ़ा नहीं हो जाता।
- प्रेसिंग मशीन फिलर के ¾ हिस्से गरम मिक्चर से भर दें और धीरे-धीरे प्रेस कर बड़े पानी में डाल दें।
- इसी तरह सारे मिक्चर के फालूदे बना लें।
- पानी के साथ फालूदा फ्रिज में रखें वरना यह सहीं नहीं रहेंगे।
- अब कुल्फी के साथ परोसें या फालूदा के साथ स्वादिष्ट पेय बना लें।

फालूदा ड्रिंक

सामग्री- **समय-**

तुलसी के बीज (हरे)	2 बड़े चम्मच	ठण्ढा दूध (चिल्ड)	3 कप
कसी हुई बर्फ	1 कप	रूहअफ़ज़ा	8 बड़े चम्मच
गुलाब जल (रोज़ सिरप)	–	वेनिला आइसक्रीम	2 कप

विधि-

- तुलसी बीज आधे मिनट के लिए भिगो दें।
- चार ग्लासों में एक-एक मुट्ठी फालूदा एवं बर्फ डालें। 1-1 बड़े चम्मच फूले हुए तुलसी के बीज डाल दें। वेनिला आइसक्रीम को छोड़ सारी सामग्री दूध में मिला कर चला लें और ग्लासों में बाँट लें। फिर 1 बड़ा चम्मच वेनिला आइसक्रीम स्कूप प्रत्येक ग्लास में डाल कर तुरन्त पियें और पिलाएँ।

माइक्रो केसर पिस्ता कुल्फी

सामग्री- **समय- 15 मिनट माइक्रो**

दूध	600 मिलीलीटर	खोया	50 ग्राम
ब्रेड स्लाइस	2	पिस्ता कटे हुए	3 बड़े चम्मच
केसर धागे	3-4	कण्डेंस्ड दूध	¾ कप
(2 बड़े चम्मच दूध में भीगे)		हरी इलायची	4
बादाम	10	चीनी	2 बड़े चम्मच

विधि-

- *आधा कप पानी में बादाम को हाई मोड पर 1 मिनट के लिए रखें। 30 मिनट छोड़ के छील लें। टुकड़ों को अलग कर लें।*
- *ब्रेड के छोटे-छोटे टुकड़े तोड़कर दूध के साथ माइक्रो सुरक्षित बाउल में 8 मिनट हाई मोड पर उबाल लें। चला कर गाँठें बराबर कर लें।*
- *कण्डेंस्ड दूध व इलायची, हाई मोड पर 3 मिनट पकायें, फिर मसला हुआ खोया डालकर अच्छी तरह मिला लें, फिर 3 मिनट हाई मोड पर पका लें। बीच-बीच में चला लें।*
- *थोड़ा ठण्ढा होने पर आधे बादाम डालकर पीस लें।*
- *शेष आधे बादाम, पिस्ता और केसर उसमे मिला दें।*
- *कुल्फी मोल्ड में मिक्चर डालें और फ्रीज में 12 घण्टे के लिए रख दें।*
- *अब कुल्फी मोल्ड से निकाल कर थोड़े फालूदा से सजायें, गुलाब जल या शर्बत की कुछ बूँदे डालकर सर्व करें।*

हलवा

सामग्री- **सयम- 14 मिनट माइक्रो**

सूजी	$\frac{3}{4}$ कप	चीनी	$1\frac{1}{4}$ कप
पानी	3 कप	बादाम	10
गेहूँ आटा	$\frac{1}{4}$ कप	घी/मक्खन	1 कप
हरी इलायची	$\frac{1}{2}$ चम्मच	किशमिश	20

विधि-

- *सूजी को 2 पेपर बैग में डालकर 2 मिनट हाई मोड पर भून लें।*
- *गहरे माइक्रो सुरक्षित बाउल में चीनी और पानी डालकर हाई मोड पर 5 मिनट रखें, जब तक कि चीनी घुल न जाये।*
- *घी एक गहरे माइक्रो सुरक्षित बाउल में डालें। आटा डालकर मिला लें। 2 मिनट हाई मोड पर बिना ढके पका लें।*
- *घी और आटे में भुनी सूजी, किशमिश, इलायची पाउडर, शीरा डालकर अच्छी तरह मिलायें, ढक कर डिश को हाई मोड पर 5 मिनट पकायें। 3 मिनट यूँही छोड़ दें।*

विशेष-

- *प्रसाद में देना हो, तो मेवे न डालें। आटा चाहे तो न डाले और आधे कप दूध को भी शीरे के साथ डाल दें।*

गाजर का हलवा

सामग्री- **समय- 22 मिनट माइक्रो**

कद्दूकस की हुई गाजर	4 *कप*	*खोया*	½ *कप*
हरी इलायची	8	*काजू*	8–10
किशमिश	20–25	*चीनी*	1/3 *कप*
घी	¼ *कप*	*बादाम*	8–10
पिस्ता	4–6		

विधि-

- *हीट प्रूफ प्लेट में 1 मिनट के लिए कसा हुआ खोया रखें।*
- *पेपर बैग में रख कर काजू-बादाम हाई मोड पर 1 मिनट भून लें व उसे 30 सेकेण्ड पर चला दें तथा दरदरा कर पीस लें।*
- *¼ कप पानी में किशमिश फुला लें या गैस पर 1 छोटा चम्मच देशी घी में तल लें।*
- *हाई मोड पर ¼ कप घी गरम करें।*
- *कद्दूकस किये गये गाजर को उसमें अच्छे से मिलाकर 6 मिनट हाई मोड पर पकायें, 3 मिनट चलायें।*
- *चीनी डालें और 5 मिनट हाई मोड में पकायें। बीच में चला लें।*
- *खोया मिक्स करें और फिर 6 मिनट हाई मोड पर पकायें, बीच में चला लें।*
- *मेवे छिड़क दें तथा 2 मिनट और पकायें। पिस्ते के दोनों भाग अलग कर लें और उससे सजाकर गरम या सामान्य परोसें। चाहें तो चाँदी के वर्क से भी सजाकर मेहमानों को खुश करें।*

विविधता के लिए-

- *कद्दू/लौकी को कस कर गाजर की जगह डाल कर कद्दू/लौकी का हलवा तैयार कर सकते हैं। बस उनमें चीनी ¾ कप डालें।*

चुकन्दर का हलवा

सामग्री- **समय- 17 मिनट माइक्रो**

चुकन्दर	4	*हरी इलायची*	6
पिस्ता कतरे हुए	3 *बड़े चम्मच*	*घी*	3 *बड़े चम्मच*
खोया	100 *ग्राम*		

विधि-

- *स्टीमिंग बास्केट में धुले चुकन्दर ढक कर 5 मिनट हाई मोड पर पकायें। फिर छील कर कस लें।*
- *इलायची कूट लें।*

- खोया मसल कर रख लें।
- माइक्रो सुरक्षित बाउल में 1 मिनट हाई मोड पर तेल गरम करें, चुकन्दर डालें और चलाकर 4 मिनट हाई मोड पर बिना ढके पकायें। बीच में चला लें।
- चीनी मिलाकर 4 मिनट हाई मोड पर पकायें। बीच में 2 मिनट बाद चला लें।
- खोया व इलायची, चुकन्दर में मिलायें। अच्छी तरह चलायें और 3 मिनट हाई मोड पर रखें, जब तक मिक्चर सूख नहीं जाता।
- अब कटे हुए पिस्ते से सजाकर किसी भी भारतीय भोजन के बाद सर्व करें।

विविधता के लिए-

- आलू/केले का हलवा भी इस विधि से तैयार किया जा सकता है। अनुपात-

आलू के हलवे के लिए सामग्री-

आलू	6 मीडियम	चीनी	1 कप

केले के हलवे के लिए सामग्री-

केले	8	चीनी	¼ कप

(पके केले को पहले स्टीम करने की आवश्यकता नहीं।)

पुदीना नींबू वाले मीठे चावल

सामग्री- **समय- 8 मिनट माइक्रो**

बासमती चावल	2 कप	घी	2 बड़े चम्मच
नींबू के छिलके	1 छोटे चम्मच	पुदीना पाउडर	1 छोटा चम्मच
मेवे कटे हुए	¼ कप	चीनी	½ कप
नींबू रस	2 बड़े चम्मच	तले हुए किशमिश	15-20
पुदीना पत्ती	¼ कप		

विधि-

- एक माइक्रो सुरक्षित बाउल में घी डाल कर 2 मिनट हाई मोड पर रखें।
- धुले हुए चावल और चीनी डाल कर अच्छी तरह मिला लें।
- पुदीना पाउडर व नींबू के छिलके बराबर से डाल लें और नींबू निचोड़ कर चावल हल्के से चला लें।
- किशमिश मिला लें।
- 6 मिनट बिना ढके हाई मोड पर रखें।
- 10 मिनट यूँही छोड़ दें।
- अब कटे मेवे से सजाकर सामान्य गरम डेज़र्ट के तौर पर परोसें अथवा दहीं के साथ इसके मजे लें।

❖❖❖

चिकन स्ट्यू, 128

रम फ्रूट केक, 146

मस्टर्ट सॉस में फिश कटलेट्स, 138

पालक सूफले और चीज़ सॉस, 132

पनीर की टोकरी में चीज़ी सैलेड, 119

ओरेंज लेमन शिफॉन पाई, 148

सेब और खुबानी क्रम्बल, 142

पोटैटो टार्ट्स, 126

मटन स्ट्यू, 117

टोमैटो स्प्लेण्डर, 115

क्रीम ऑफ सेलरी मशरूम सूप, 114

चाकलेट कॉफी केक डिलाइट, 143

काण्टिनेण्टल व्यंजन सूप और सैलेड

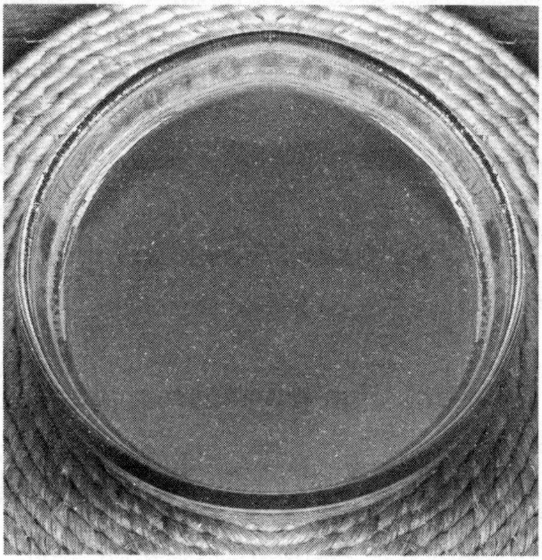

एरोमेटिक पोटैटो सूप

सामग्री- **समय- 18 मिनट माइक्रो**

कसा हुआ चीज़	2 *बड़े चम्मच*	*नया आलू*	700 *ग्राम*
सफेद मिर्च पाउडर	2 *छोटा चम्मच*	*दूध*	1 *लीटर*
पुदीना पत्ती	1 *कप*	*नमक*	*स्वादानुसार*

विधि-

- *छोटे आलू छील लें और गहरे माइक्रो सुरक्षित बाउल में रखें। अब दूध तथा नमक-मिर्च डालकर ढक कर 6 मिनट हाई मोड पर पका लें।*
- *पुदीने की पत्ती धो लें और आलू मिक्सचर में डालकर ढकें तथा लो मोड पर 12 मिनट रखें। डिश को 3 मिनट जैसे ही छोड़ दें।*
- *अब कसी हुई चीज़ से सजाकर अलग-अलग बाउल में गरमा-गरम सर्व करें।*

विशेष-

- *यह डिश मुख्य भोजन का हिस्सा भी हो सकती है।*

फ्रेंच ओनियन सूप

सामग्री- **समय- 11 मिनट माइक्रो**

भूरी प्याज	½ कप	ब्रेड स्लाइस	4
कसा हुआ चीज़	½ कप	मक्खन	4 छोटे चम्मच
नमक	स्वादानुसार	मिर्च	स्वादानुसार
वेज स्टॉक	5 कप		

विधि-

- *स्टॉक को 10 मिनट माइक्रो सुरक्षित बाउल में हाई मोड पर उबाल लें।*
- *भूरी प्याज व नमक मिर्च डालकर 3 मिनट और हाई मोड पर पकायें।*
- *माइक्रो सुरक्षित सूप बाउल में डालकर टोस्ट कर ब्रेड पर मक्खन लगा कर दो-दो टुकड़े कर लें। प्रत्येक बाउल में 2-2 टुकड़े डालकर कसा हुआ चीज़ डाल लें।*
- *रोटेटिंग प्लेट पर सूप बाउल रखें और मीडियम मोड पर 5 मिनट पकायें, जिससे चीज़ पिघल जाये।*
- *अब गरमा-गरम सूप किसी भी काण्टिनेण्टल मील के साथ सर्व करें।*

क्रीम ऑफ सेलरी मशरूम सूप

सामग्री- **समय- 15 मिनट**

मशरूम (महीन कटे हुए)	1 कप	स्टॉक वेज / नॉनवेज	4 कप
सफेद सॉस	1 बड़ा चम्मच	सेलरी बारीक कटी	1 गुच्छा
अजवाइन महीन कटी	1 डण्डी	मिर्च पाउडर	1 छोटा चम्मच
क्रीम	2 बड़े चम्मच		

विधि-

- *कटे हुए मशरूम और अजवाइन माइक्रो सुरक्षित बाउल में डालकर स्टॉक डालें और 5 मिनट हाई मोड पर बिना ढके चला लें।*
- *सफेद सॉस व नमक मिर्च मशरूम बाउल में मिलायें। अच्छे से चला कर हाई मोड पर 10 मिनट ढक कर पकायें।*
- *आधा छोटा चम्मच क्रीम चार बाउलों में अलग-अलग डालें और ऊपर से गरम सूप उँडेल दें।*
- *अब मशरूम और अजवाइन के कुछ कतरे डालकर सजायें।*
- *ब्रेड अथवा मक्खन लगे कतरे टोस्ट साथ में रखें।*

विविधता के लिए-

- *बारीक कटी हुई कुछ अन्य सब्जियाँ भी मशरूम और अजवाइन के साथ डाली जा सकती हैं।*

टोमैटो स्प्लेण्डर

सामग्री- **समय- 20 मिनट**

टमाटर	800 *ग्राम*	*गाजर*	–
अदरक	1 *इंच टुकड़ा*	*बेकामेल सॉस* (Bechamel)	1½ *कप*
मिर्च पाउडर	1 *छोटा चम्मच*	*फ्रेश क्रीम*	¼ *कप*
गाजर	1	*लहसुन*	6 *कली*
वेज/स्टॉक/पानी	3½ *कप*	*नमक*	*स्वादानुसार*
तला हुआ मखाना	½ *कप*		

विधि-

- *टमाटर और गाजर को धो कर काट लें।*
- *अदरक-लहसुन को कस लें।*
- *एक माइक्रो सुरक्षित बाउल में ½ कप पानी के साथ कटा हुआ गाजर, टमाटर, लहसुन व अदरक डाल कर हाई मोड पर 5 मिनट के लिए रखें।*
- *ठण्डा होने दें और गाढ़ी प्यूरी बना लें। इसमें 2 कप स्टॉक डालकर छन्नी से छान लें।*
- *बेकामेल सॉस डालकर टमाटर मिक्सचर एक ब्लेण्डर में चला लें।*
- *मिक्सचर को गहरे माइक्रो सुरक्षित बाउल में डालें और 1 कप स्टॉक, नमक और मिर्च पाउडर डालकर बीटर से मिला लें।*
- *5 मिनट पहले हाई मोड पर फिर 10 मिनट मीडियम मोड पर रखें।*
- *क्रीम मिलायें।*
- *अब अलग-अलग चार सूप बाउल में डालकर मखाने अथवा रोस्टेट ब्रेड के टुकड़े डालें और गरम ही सर्व करें।*

विविधता के लिए-

- *टमाटर की जगह क्रीम आफ स्पिनेच (पालक) कद्दू, मशरूम, मिक्सड वेजिटेबल कुछ भिन्न मसालों से तैयार कर, अलग-अलग जायके का लुत्फ उठा सकते हैं।*
- *टमाटर की जगह पालक प्यूरी, ह्वाइट सॉस, स्टॉक, फ्रेश क्रीम और नमक, मिर्च डालकर क्रीम ऑफ स्पिनेच तैयार कर सकते हैं।*
- *टमाटर की जगह कद्दू प्यूरी, लौंग पाउडर, बेकामेल सॉस, नमक, मिर्च, क्रीम और हरा धनिया डाल कर क्रीम ऑफ पम्पकिन सूप बना सकते हैं।*
- *टमाटर के स्थान पर कटे मशरूम लेते हैं, तो सास, वेज स्टॉक, नमक-मिर्च, क्रीम और पार्सले से क्रीम ऑफ मिक्सड वेजिटेबल बना सकते हैं।*
- *चाहे तो सब्जियाँ उबालते समय साबुत मसालों की पोटली डाल लें और तले हुए लहसुन के कतलों से सजाकर गरमा-गरम सर्व करें।*

स्वादिष्ट बीट रूट बोर्स्च्ट (Borscht) चुकन्दर सूप

सामग्री- **समय- 6 मिनट माइक्रो**

चुकन्दर	½ किलो	नींबू का रस	1 बड़ा चम्मच
नमक और मिर्च	स्वादानुसार	वेज/नॉनवेज स्टॉक	900 मि. ग्राम
	खट्टी क्रीम	1½ कप	

विधि-

- चुकन्दर धो कर, छील कर काट लें। स्टीमिंग बास्केट में 6 मिनट हाई मोड पर पकायें।
- चुकन्दर स्टॉक, नींबू का रस, नमक-मिर्च, आधी क्रीम एक बड़े बाउल में लिन्विडाइजर से बराबर कर लें।
- एक छन्नी से मिक्सचर को छान लें।
- कुछ घण्टे फ्रिज में रखें या पूरी रात रहने दें।
- अब गरमियों मे ठण्डा सूप खट्टे क्रीम से सजाकर पेश करें। बारीक कटा खीरा और हरी प्याज साथ रखें।
- यदि इसे गरम सर्व करना हो, तो दो टुकड़ों में करें, उबले अण्डे/आलुओं के साथ सर्व करें।

विविधता के लिए-

- खट्टी क्रीम के स्थान पर खट्टा दही फेंटकर डाल सकते हैं।

राजमा मीट सूप

सामग्री- **समय- 35 मिनट माइक्रो**

पके राजमा दाने	1 कप	साबुत मसालों की पोटली	1 छोटी
बोनलेस मटन	300 ग्राम	कसी हुई चीज़	¼ कप
प्याज कटी	1 छोटी	सोंठ	¼ छोटा चम्मच
नमक और मिर्च	स्वादानुसार	कटी पार्सले/धनिया	2 बड़े चम्मच
पानी	4 कप	क्रीम	¼ कप
कतरा लहसुन	1 बड़ा चम्मच	मक्खन	2 छोटे चम्मच

विधि-

- पके राजमा दाने को मसल कर एक ओर रख लें
- मटन को ½ इंच के टुकड़ों में काट लें।
- मटन के टुकड़े सोंठ, पोटली और 2 कप पानी, सब एक गहरे माइक्रो सुरक्षित बाउल में डालकर, ढक कर 15 मिनट हाई मोड पर पका लें और 10 मिनट के लिए वैसे ही छोड़ दें।
- एक बाउल में मक्खन व लहसुन डालकर 2 मिनट हाई मोड पर रखें। उबले मसले राजमा पानी के साथ डालें और आधा कप पानी मिला लें। ढक कर 5 मिनट हाई मोड पर रखें।
- अब पोटली निकाल कर पानी सूप में ही निचोड़ लें। पोटली हटा दें।

राजमा मिक्सचर, कसा चीज़, टमाटर प्यूरी, नमक और मिर्च सूप में डालें और ढक कर 3 मिनट हाई मोड पर पकायें। फिर मीडियम मोड पर 10 मिनट रखें। 5 मिनट उसे वैसे ही ढक कर छोड़ दें।

मटन स्ट्यू (Stew)

सामग्री- **समय- ½ घण्टा माइक्रो**

बोनलेस मटन	300 ग्राम	गाजर बड़ी	1
शिमला मिर्च हरी	1 छोटी	नया आलू	12
गोभी फूल के टुकड़े	2	लाल मिर्च	छोटी
/ब्रोकली के टकड़े		सफेद मिर्च	20
कार्न फ्लोर	1 बड़ा चम्मच	पार्सले	5-6 पत्ती
दालचीनी टुकड़ा	1 इंच	ऑरिगेनो	1 छोटा चम्मच
मटन स्टॉक/पानी	4 कप	मद्रासी प्याज	16
बड़ी इलायची	3	अदरक पाउडर (सोंठ)	¼ छोटा चम्मच
मक्खन	2 बड़े चम्मच		

विधि-

- *बोनलेस मीट को ½ इंच के टुकड़ों में काट लें।*
- *आलू और गाजर को छील कर धो लें और 1 इंच के टुकड़ों में काट लें।*
- *लाल और हरी मिर्च काट लें, बीज हटा लें।*
- *एक माइक्रो सुरक्षित बाउल में हाई मोड पर 1 मिनट के लिए मक्खन गरम करें।*
- *कटी प्याज और कटे आलू, गाजर और फूल गोभी बिना ढके हाई मोड पर 2 मिनट रखें। एक मिनट बाद चलायें।*
- *एक कप स्टॉक/पानी, एक छोटा चम्मच नमक डालकर ढक्कन बन्द करें या क्लिंग फिल्म लगायें। 3 मिनट हाई मोड पर माइक्रो करें। डिश को कुछ देर यूँही छोड़ दें।*
- *दूसरे बाउल में मटन के टुकड़े, सारे मसाले, सोंठ, ऑरिगेनो, 1 छोटा चम्मच नमक और 2 कप स्टॉक/पानी डाल कर ढकें और 10 मिनट हाई मोड पर छोड़ दें। फिर 5 मिनट डिश को ऐसे ही रहने दें।*
- *पकी सब्जियाँ और मीट को एक साथ रखें। बचे हुए पानी में कार्नफ्लोर मिलायें और मीट में मिलाकर ढक लें तथा 14 मिनट मीडियम मोड पर रखें। 10 मिनट के लिए ऐसे ही छोड़ दें।*
- *अब कटी हुई पार्सले/धनिया से सजाकर टोस्ट के साथ परोसें।*

विविधता के लिए-

- *मटन न डालकर इसे नारियल के दूध के साथ वेजिटेरियन स्ट्यू भी तैयार कर सकते हैं।*

सूप विद चिकन बाल्स

सामग्री- **समय- 28 मिनट माइक्रो**

बोनलेस चिकन	250 ग्राम	प्याज	2
शिमला मिर्च (लाल)	1 छोटी	टमाटर	1
हरी प्याज	2	गाजर	1 बड़ी
शिमला मिर्च	1 छोटी	पत्तागोभी के पत्ते	2
नमक	स्वादानुसार	अदरक-लहसुन पेस्ट	½ छोटा चम्मच
सिरका	1 बड़ा चम्मच	कसी हुई चीज़	¼ कप
कार्न फ्लोर	3 बड़े चम्मच	काली मिर्च पाउडर	½ छोटा चम्मच
मिर्च-लहसुन सॉस	1-2 छोटा चम्मच	पार्सले कटी हुई	2 बड़े चम्मच

विधि-

- बोनलेस चिकन को छोटे-छोटे टुकड़ों में काटकर सिरका 1 छोटा चम्मच, नमक, काली मिर्च और सोंठ के साथ मेरिनेट करके 30 मिनट के लिए रख दें।
- मिक्सर में डालकर उन्हें महीन कर लें।
- अब चिकन मिक्चर के कंचे के आकार के छोटे-छोटे गोले बना लें।
- सब्जियों को धो पोंछ कर बारीक-बारीक काट लें।
- 3 कप स्टॉक एक बड़े माइक्रो सुरक्षित बाउल में लेकर 6 मिनट के लिए हाई मोड पर रखें। धीरे से सारे गोले (बॉल्स) सूप में डाल दें।
- 8 मिनट हाई मोड पर बिना ढके पकायें और 10 मिनट ढक कर रखें।
- 1 चम्मच मक्खन 1 मिनट हाई मोड पर गरम करके कटी सब्जियाँ डालें, चलाकर 2 मिनट बिना ढके पकायें।
- सारे चिकन बाल्स (कोफ्ते) को गहरे चम्मच से सावधानी से बाहर निकाल कर एक ओर रख दें।
- 3 कप स्टॉक, सब्जियाँ, नमक, लहसुन मिर्च सॉस उसी बाउल में डालकर 8 मिनट हाई मोड पर बिना ढके पका लें।
- ½ कप स्टॉक में कार्नफ्लोर मिक्स करें और सूप में डाल दें। हाई मोड पर 3 मिनट पकायें।
- बाउल निकाल लें और उसमें चिकन कोफ्ते तथा कसा हुआ चीज़ एवं कटा पार्सले/हरा धनिया डालें।
- सर्व करने से पहले 3 मिनट के लिए री-हीट करें।
- अब क्रस्टी गारलिक ब्रेड के साथ गरमा-गरम सूप सर्व करें।

विविधता के लिए-

- 1 बड़ा चम्मच मिर्च-लहसुन सॉस, 1 बड़ा चम्मच सोया सॉस को मिक्स करके हाई मोड पर 1 मिनट गरम करें, फिर कोफ्तों को उसमें डाल कर एक मिनट गरम होने दें। फिर गरमा-गरम चटपटे कोफ्तों को टूथ प्रिक लगाकर स्टार्टर जैसे भी सर्व कर सकते हैं और सैलेड के साथ भी सजाकर पेश कर सकते हैं।

विशेष-

- *चिकन बाल पहले से बना कर भी फ्रीजर में स्टोर किये जा सकते हैं। जब इस्तेमाल करना हो 2 घण्टे पहले निकाल लें।*

गजपैखो (Gazpacho) चिल्ड टोमैटो सूप

सामग्री- **समय- 10 मिनट माइक्रो**

टमाटर	1 किलो	लहसुन	1 गाँठ
ब्रेड	2 स्लाइस	प्याज	1
हरी शिमला मिर्च	1 बड़ी	सिरका	¼ कप
जीरा पाउडर	½ छोटा चम्मच	नमक मिर्च	स्वादानुसार
चीनी	1 छोटा चम्मच	पानी	4 कप

विधि-

- *टमाटरों को धो कर हीट प्रूफ ट्रे में 5 मिनट के लिए हाई मोड पर रखें।*
- *छिलका निकाल कर टमाटरों को काट लें।*
- *चार कप पानी को 5 मिनट हाई मोड पर उबाल कर ठण्ढा कर लें।*
- *ब्रेड का बड़ा हिस्सा निकाल कर 1 कप पानी में मुलायम कर लें।*
- *छील कर लहसुन-प्याज काट लें।*
- *टमाटर, लहसुन प्याज और ब्रेड, जीरा, चीनी, सिरका और बचा हुआ पानी डालकर अच्छी तरह मिक्सर में घुमा लें।*
- *सूप को छन्नी से छान लें।*
- *नमक-मिर्च मिलाकर फ्रिज में ठण्ढा करें।*
- *अब टमाटर, खीरा, हरी मिर्च व सफेद ब्रेड के छोटे टुकड़े (चौकोर) ठण्डे गजपैको के साथ सर्व करें। काण्टिनेण्टल मील के साथ यह चिल्ड गजपैको ग़ज़ब का स्टार्टर है।*

पनीर की टोकरी में चीज़ी सैलेड

सामग्री- **समय- 18 मिनट माइक्रो**

बास्केट के लिए-

पनीर कसा हुआ	2 कप	ब्रेड के स्लाइस	2
कार्नफ्लोर	1 बड़ा चम्मच	मिर्च पाउडर	1 छोटा चम्मच
आलू	1 बड़ा	अण्डा	1
सोंठ	½ छोटा चम्मच	अमचुर पाउडर	½ छोटा चम्मच
नमक	1 छोटा चम्मच		

सैलेड के लिए-

गाजर	1	हरी मटर	इच्छानुसार
शिमला मिर्च	1 छोटी	हरी प्याज	4
खीरा	1	बींस	10
पनीर कसा हुआ	¼ कप	चीजी ड्रेसिंग	1 कप
शलजम	1		

विधि-

- ब्रेड के टुकड़े को ग्राइण्डर में डालकर ताजा ब्रेड क्रम्स बना लें।
- धो कर गाजर, बींस, काली मिर्च, खीरा, हरी प्याज सब बारीक काट लें।
- शलजम को ठण्ढे पानी में भिगो दें।
- कटे हुए खीरे और मिर्च पाउडर को इसमें मिलाकर मिक्स कर लें।
- 180° सेल्सियस पर कन्वेनशन मोड पर गरम करें।
- एक बाउल में कसा चीज़, उबला आलू, ब्रेड क्रम्स, कार्नफ्लोर, अण्डा, मिर्च, सोंठ, अमचुर पाउडर, धनिया और नमक अच्छी तरह मिलायें। गूँथ कर 8-10 टुकड़ों में बाँट लें।

गम्बो (Gumbo)

सामग्री- **समय- 23 मिनट माइक्रो**

चिकन स्टॉक	6 कप	चिकन कतरे	1 कप
कटी प्याज	1	नमक और मिर्च	स्वादानुसार
चावल	¼ कप	मक्खन	1 बड़ा चम्मच
लहसुन कटी हुई	1 बड़ा चम्मच	पार्सले कटा हुआ	2 बड़े चम्मच

विधि-

- एक गहरे बाउल में मक्खन 30 सेकेण्ड गरम करें और कटा प्याज तथा लहसुन 2 मिनट हाई मोड पर पकायें।
- चावल को धो लें और स्टॉक के साथ बाउल में डालें। नमक और मिर्च मिलायें तथा ढक कर हाई मोड पर 10 मिनट के लिए रखें। चिकन के कतरे डालें, मीडियम मोड पर 10 मिनट पकायें। डिश को 5 मिनट वैसे ही रहने दें।
- अब कटी हुई पार्सले से सजाकर गरमा-गरम सर्व करें। यह स्पेन का लोकप्रिय स्पैनिश सूप है।

खट्टा-मीठा ग्लेज़्ड बीट्स (Glazed Beets)

सामग्री- **समय- 15 मिनट माइक्रो**

चुकन्दर	½ किलो	चीनी	¼ कप
मक्खन	2 बड़े चम्मच	मिर्च	½ छोटे चम्मच

सैलेड पत्ते	6–8	नींबू रस	2 बड़े चम्मच
पानी	$\frac{1}{4}$ कप	कार्न फ्लोर	2 छोटे चम्मच
नमक	$\frac{1}{2}$ छोटा चम्मच	सन्तरे की फाँके	सजावट के लिए

विधि-

- चुकन्दर धो कर $\frac{1}{2}$ कप पानी में डालकर 8 मिनट हाई मोड पर रखें। 3 मिनट छोड़ दें, फिर ठण्ढा होने पर छील लें और छोटे-छोटे टुकड़े काट लें।
- छोटे माइक्रो सुरक्षित बाउल में चीनी, नींबू का रस, मक्खन, नमक और मिर्च डालें, फिर कार्नफ्लोर पानी में मिलाकर चीनी वाले मिक्सचर में डालें।
- हाई मोड पर 4 मिनट रखें, बीच में 1-2 बार चला लें।
- बड़े बाउल में चुकन्दर रखें और उस पर सॉस बराबर से डालें। सन्तरों की फॉकों से सजाकर किसी भी भोजन के साथ परोसें।

सीजनल सैलेड बाउल और क्राउटंस (Croutons)

सामग्री- **समय- 4 मिनट माइक्रो**

सैलेड पत्ती	1 गुच्छा	मूली	4
टमाटर	2	ब्रेड स्लाइस	4
खीरा	1 बड़ा	हरी प्याज	4
लहसुन कली (लहसुन रहित)	2	फ्रेंच ड्रेसिंग	$\frac{1}{4}$ कप

विधि-

- ब्रेड को चौकोर टुकड़ों में काटकर $3\frac{1}{2}$ मिनट हाई मोड पर रखें, फिर 3 मिनट छोड़ दें।
- खीरा 1 इंच के टुकड़ों में काट लें।
- टमाटर, मूली और हरी प्याज एक बराबर काट लें।
- धोकर सैलेड पत्ते खाने योग्य टुकड़ों में काट लें।
- लहसुन को लम्बे-लम्बे काटें और प्लेट में अन्दर की ओर रगड़ लें और हटा दें।
- सारे मसाले और सामग्री मिला लें। फ्रेंच ड्रेसिंग उस पर डाल दें। चलायें और ब्रेड क्राउटंस डालकर सैलेड उछाल कर मिला लें।
- तुरन्त परोसें
- सैलेड पत्ते की जगह ताजा हरा पालक भी डाल सकते हैं।

ब्रोकली और गोभी का खुशबू भरा सैलेड

सामग्री- **समय- 6 मिनट माइक्रो**

ब्रोकली	1 छोटी	गाजर	1
बैगनी पत्ता गोभी	6-8 पत्ते	सरसों सॉस	1 छोटा चम्मच
गोभी	1 छोटी	हरी प्याज	2
नींबू रस	1 बड़ा चम्मच	मेयोनीज	¼ कप
चिली गारलिक	1 बड़ा चम्मच	नमक	1 छोटा चम्मच

विधि-

- पत्ता गोभी पतला-पतला काट लें। 30 मिनट ठण्ढे पानी में भिगो दें।
- ब्रोकली और गोभी के छोटे-छोटे टुकड़े काट कर स्टीम बास्केट में 6 मिनट हाई मोड पर रखें। 5 मिनट वैसे ही छोड़ दें।
- नमक और नींबू मिलाकर एक ओर रख दें।
- हरी प्याज काट लें और गाजर को मोटा-मोटा काट लें।
- मेयोनेज, सरसों सॉस व चिली गारलिक मिला लें।
- ब्रोकली, गोभी, प्याज, अदरक, बाउल में मिलाकर सॉस मिलायें और ठण्ढा करने के लिए फ्रिज में रख दें।
- अब बैंगनी पत्ता व गोभी बिछाकर तैयार ठण्ढा सैलेड ऊपर सजा दें।

सेब, गाजर व चिकन सैलेड

सामग्री- **समय- 4 मिनट माइक्रो**

सेब	2	चिकन महीन कतरे	2
किशमिश	2 बड़े चम्मच	काले अँगूर	½ कप
फ्रेंच ड्रेसिंग (बिना लहसुन)	½ कप	गाजर	2
नींबू रस	1 बड़ा चम्मच	काजू	10
अखरोट	¼ कप	लैट्यूस पत्ते (सलाद पत्ते)	8

विधि-

- पानी को एक 1 मिनट हाई मोड पर रखकर उसमें काजू, अखरोट, किशमिश भिगों दें।
- गाजर काट लें और 3 मिनट हाई मोड पर स्टीम दें।
- सेब को साफ कर छील लें और चौकोर टुकड़ों में काट लें। नींबू का रस उस पर छिड़क दें।
- गाजर, सेब के टुकड़े, कतरा हुआ चिकन और किशमिश फ्रेंच ड्रेसिंग डालकर हल्का-सा उछाल लें और ठण्ढा करने के लिए रख दें।
- काजू और अखरोट काटकर सैलेड में मिला लें।
- अब सलाद के पत्तों को प्लेट में चारों ओर सजाकर सैलेड बीच में डालें और काजू, अखरोट से सजाकर सर्व करें।

विविधता के लिए-

- *कतरे चिकन की जगह चिकन बॉल भी सैलेड में रखे जा सकते हैं, जिनकी विधि पहले बतायी जा चुकी है।*

चिकन और पाइन ऐपल सैलेड

सामग्री- **समय- 10 मिनट काम्बिनेशन मोड़**

बोनलेस चिकन स्लाइस	1 *ब्रेस्ट*	*मेथोनेइज सॉस*	½ *कप*
सरसों सॉस	1 *बड़ा चम्मच*	*हरी प्याज*	3
काली मिर्च	2 *बड़े चम्मच*	*अनन्नास स्लाइस*	6-8
ताजा क्रीम	½ *कप*	*सेलरी स्टिक्स*	2
नमक	*स्वादानुसार*	*नींबू रस*	1 *बड़ा चम्मच*

विधि-

- *चिकन धो कर नींबू और नमक लगा कर आधे घण्टे के लिए छोड़ दें।*
- *हरी प्याज, पत्ती और सेलरी स्टिक धो कर काट लें।*
- *मेयोनीज़ और क्रीम मिलाकर फ्रिज में ठण्ढा करें।*
- *चिकन को ¼ कप पानी बर्तन में डाल कर स्टीम बास्केट में रखें। हाई मोड पर 10 मिनट पकायें। 5 मिनट में एक बार पलट लें।*
- *10 मिनट उसे यूँहीं छोड़ कर ठण्ढा होने दें।*
- *उन्हें पतले-पतले अथवा चौकोर आकार में काट लें।*
- *उसी तरह अनन्नास के भी टुकड़े बना लें।*
- *चिकन, अन्नानास, सेलरी, हरी प्याज, ठण्ढी मेयोनेज क्रीम मिक्सचर सर्विंग बाउल में डालकर उछाल लें।*
- *नमक-मिर्च हिसाब से डालें और फ्रिज में ठण्ढा होने के लिए रख दें।*
- *अब गरमियों में किसी भी भोजन के साथ अथवा ठण्ढी में मुख्य डिश या साइड डिश के रूप में सर्व करें।*

विविधता के लिए-

- *चिकन सैलेड अनन्नास की जगह भींगे कटे काजू और अखरोट के साथ बना सकते हैं। सुपाच्य बनाने के लिए उन्हें गुनगुने पानी में 5 मिनट भिगो लें।*
- *चाहें तो पका चिकन और और अन्नानास, 2 बड़े चम्मच नींबू, ¼ कप कटी पार्सले और 2 बारीक कटी सेलेरी स्टिक के साथ नमक-मिर्च डालकर पेश किये जा सकते हैं।*

बेक्ड सी फूड सैलेड

सामग्री- **समय- 12 मिनट माइक्रो**

क्रैब मीट	1 कप	प्याज	1
कटी सेलेरी	1 कप	मेयोनीज सॉस	1 कप
पेपरिका	1 छोटा चम्मच	मक्खन	1 बड़ा चम्मच
झींगा	1 कप	हरी मिर्च	1 बड़ी
वोरसेस्टरशाइर सॉस	1 बड़ा चम्मच	ताज़ी काली मिर्च कुटी हुई	1½ छोटा चम्मच
ब्रेड क्रम्स (मुलायम)	1 कप	नींबू की फाँके	सजावट के लिए

विधि-

- हरी मिर्च व प्याज को बारीक-बारीक काट लें।
- क्रैब मीट के पतले स्लाइस बना लें।
- क्रैब और झींगा, हरी मिर्च प्याज सेलेरी और मेयोनेज को माइक्रो सुरक्षित गहरे बाउल में डालें।
- नमक-मिर्च और वोरसेस्टरशायर शाइर सॉस डाल कर अच्छी तरह चला लें।
- मुलायम ब्रेड क्रम्स सेलेड पर डालें। ऊपर मक्खन जगह-जगह डालकर कम्बिनेशन मोड पर 12 मिनट के लिए रखें।
- अब गरमा-गरम सैलेड पेपरिया छिड़क कर नींबू के पतले स्लाइस से सजाकर काण्टिनेण्टल भोजन के साथ सर्व कर सकते हैं।

स्पाइसी स्कांस (Scons)

सामग्री- **समय- 15-20 मिनट बेकिंग कन्वेक्शन मोड**
5-7 मिनट माइक्रो

मैदा	300 ग्राम	दूध	200 मिली लीटर
भुना हुआ जीरा	2 छोटा चम्मच	काली मिर्च पउडर	1 छोटा चम्मच
नमक	1 छोटा चम्मच	मक्खन	100 ग्राम
चीज़	100 ग्राम	लाल मिर्च पाउडर	1 छोटा चम्मच
बेकिंग पाउडर	3 छोटे चम्मच		

विधि-

- काम्बिनेशन मोड को 180° सेल्सियस पर 15-20 मिनट रखें।
- मैदा, नमक, मिर्च पाउडर, काली मिर्च और बेकिंग पाउडर छान लें।
- चीज़ कस लें और मक्खन के साथ मिला कर रख लें।
- पिसा हुआ जीरा, कसी हुई चीज़, आधा दूध मिला लें। दूध की सहायता से मिक्सचर को एक सार कर बॉल बना लें।

- *थोड़ा पानी छिड़क कर गूंथे हुए मिक्सचर को चपाती के आकार का बेल लें और लगभग $\frac{1}{4}$ इंच मोटी रोटी बेल लें।*
- *बिस्किट कटर या 3-4 इंच के गोल ढक्कन से काट कर रख लें।*
- *बेकिंग ट्रे में रखकर 15-20 मिनट ओवन में डाल दें।*
- *हटाकर ठण्ढा करें और रबर शीट लगे वैक्स पेपर वाली प्लेट में रखकर हाई मोड पर 5-7 मिनट रखें, जब तक मिक्चर सूख नहीं जाता।*
- *बच्चों को स्नैक की तरह यह खूब भाता है।*

विविधता के लिए-

- *अपने मन पसन्द तिकोने अथवा सितारे आकार के भी इन्हें काटा जा सकता है।*
- *ठण्ढा करके एयर टाइट जार में स्टोर कर लें।*

हॉट डॉग बंस और चीज़ी पोटैटो रोल्स

सामग्री- **समय- 20 मिनट ग्रिलिंग**

उबले व मसले हुए आलू	*3 कप*	*धनिया कटी हुई*	*$\frac{1}{4}$ कप*
चिली सॉस	*1 बड़ा चम्मच*	*कुटी हुई मिर्च*	*1 छोटा चम्मच*
हॉट डॉग बंस	*6*	*कटी चीज़ के 2 इंच लम्बे*	*6 टुकड़े*
अंकुरित लोबिया	*1 कप*	*या $\frac{1}{2}$ इंच मोटे टुकड़े*	
काजू कतरे हुए	*6*	*सोया सॉस*	*1 बड़ा म्मच*
चीज़ कसी हुई	*$\frac{1}{2}$ कप*	*सूखे ब्रेड क्रम्स*	

विधि-

- *चीज़ स्टिक और कसी चीज़ को छोड़कर, सारी सामग्री साथ मिला लें।*
- *6-12 टुकड़ों में बाँट कर रोल बना लें।*
- *रोल के बीच में चीज़ स्टिक रखें।*
- *सूखे ब्रेड क्रम्स को उसमें लपेट दें और 15-20 मिनट तक उलट-पलट कर ग्रिल कर लें।*
- *इसी बीच बन के भीतरी हिस्से में लम्बी जगह बना लें और उस पर हरी चटनी डालें।*
- *अब हर हॉट डॉग बन को चीज़ी रोल से भर दें।*
- *अब कुछ बूँदे सॉस की बन के ऊपर सजायें और मिनीमील जैसे वेफर्स और सैलेड के साथ सर्व करें। काकटेल डिश के साथ रोल खिलायें।*

काकटेल डिश बनाने के लिए-

1 बड़ा चम्मच टोमैटो सॉस

1 छोटा चम्मच चिली गारलिक सॉस

1 छोटा चम्मच मस्टर्ड सॉस

$\frac{1}{2}$ छोटा चम्मच सोय सॉस

• ऊपर लिखित काकटेल डिश को एक साथ मिला लें, बस तैयार है आपका काकटेल डिश।

विशेष-

• रोल्स बन को गरम करना हो, तो डबल पेपर नैपकिन में लपेट कर 1 मिनट हाई मोड पर गरम करें।

पोटैटो टार्ट्स (Tarts)

सामग्री- **समय- 15 मिनट बेकिंग**
9 मिनट माइक्रो

उबले हुए आलू	½ किलो	चीज़ कसी हुई	½ कप
फेटा हुआ अण्डा	1	मैदा	1 छोटा चम्मच
मक्खन पिघला हुआ	1 बड़ा चम्मच	सफेद मिर्च पाउडर	½ छोटा चम्मच
टार्ट शेल	2	नमक	स्वादानुसार

फिलिंग-

मशरूम	6	हरी प्याज	4
पनीर कसा हुआ	½ कप	अण्डा	2
पका हुआ कीमा	½ कप	टमाटर सॉस	2 बड़े चम्मच
शिमला मिर्च	1 छोटा चम्मच	पार्सले कटी हुई	2 बड़े चम्मच
मिर्च पाउडर	½ छोटा चम्मच	चीज़ कसी हुई	2 बड़े चम्मच
मक्खन	2 बड़े चम्मच	नमक	स्वादानुसार

विधि-

• आलू धो कर छील कर छोटे-छोटे टुकड़ों में काट लें। फिर उन्हें हाई मोड पर 4 मिनट ढक कर पकायें। 3 मिनट छोड़ दें, फिर मसल लें।

• कन्वेक्शन मोड को 180° सेल्सियस पर गरम करें।

• मैदा, नमक और मिर्च पाउडर छान लें।

• आलू, चीज़, अण्डा और छना मैदा सब मिलाकर गूँथ लें।

• थोड़ा दूध छिड़क कर उसे मुलायम कर लें।

• आधी सेंटीमीटर से मोटी चपाती बेल लें, फिर बिस्किट कटर से काट लें।

• प्रत्येक टार्ट मोल्ड में एक पोटैटो डिस्क लाइन कर लें। काँटे से छेद बना लें। सारे गुथे मिक्सचर को ऐसे ही बना कर रोल कर लें।

• बाहर निकालें और ठण्ढा होने दें।

• एक चाकू की सहायता से सावधानीपूर्वक उन्हें बाहर निकाल लें।

फिटिंग-

• बीच में सब्जी काट लें।

• मक्खन 1 मिनट हाई मोड पर पका लें।

- मशरूम व शिमला मिर्च उसी बाउल में डालकर हाई मोड पर 2 मिनट पकायें।
- एक बार जब सब्जी पक जाये, तो उसमें पनीर, चीज़, टोमैटो सॉस, पार्सले, नमक और मिर्च अच्छी तरह मिला लें। मिक्सचर सूखा होना चाहिए।
- अगर पनीर की जगह फेटा अण्डा डाला जाये, तो मीडियम मोड पर 2 मिनट माइक्रो करें। बीच में चला लें।
- हटाकर अच्छी तरह मिला लें और ठण्डा होने दें।
- बराबर भागों में बाँट कर टार्ट रोल में भरें और ऊपर से सॉस की बिन्दी लगायें।
- अब अतिरिक्त सॉस या हरी चटनी के साथ सामान्य या गरम परोसें। बच्चे बड़े सभी को मजे से खिलायें।

ब्राण्डी की खुशबू वाला झींगा मशरूम काकटेल

सामग्री- **समय- 7 मिनट माइक्रो**

झींगा छोटा/बड़ा	300 ग्राम	नींबू रस	2 बड़े चम्मच
चिली गारलिक सॉस	1 बड़ा चम्मच	मक्खन	2 बड़ा चम्मच
ताजा ब्रेड क्रम्स	½ कप	नींबू के स्लाइस	सजावट के लिए
मशरूम	300 ग्राम	लहसुन अदरक पेस्ट	1 बड़ा चम्मच
मिर्च फ्लेक	1 छोटा चम्मच	ब्राण्डी	2 बड़ा चम्मच
सैलेड पत्ते	1 गुच्छा	पार्सले कटा	5 पत्ती
नमक	1 छोटा चम्मच		

विधि-

- सलाद पत्तियों को धो कर ½ घण्टे के लिए भिंगो कर रखें, फिर पानी से निकालकर एक प्लेट में लगा लें।
- मशरूम धो कर पानी हटा लें और काँटे से उसमें छेद कर लें।
- एक माइक्रो सुरक्षित डिश में मक्खन व लहसुन हाई मोड पर 1 मिनट रखें।
- चिली फ्लेक, ब्राण्डी, नींबू रस, झींगा और मशरूम डालकर मिला लें।
- सैलेड बिछी प्लेट पर मिक्सचर डाल दें और नींबू के स्लाइस से सजाकर टूथ प्रिक खोंस कर परोसें।
- पार्सले की जगह ताजी कटी तुलसी पत्ती के साथ भी झींगा डिश सजायी जा सकती है।

फिश मेयोनीज

सामग्री- **समय- 30 मिनट माइक्रो**

मछली पेटी	½ किलो	सैलेड पत्ते	1 गुच्छा
खीरा	2	कोर्ट बाउइलॉन (Bouillon)	500 मिली ग्राम
मेयोनीज़	1 कप	टमाटर	2
नींबू	1		

विधि-

- सैलेड के पत्तों को धो कर आधे घण्टे के लिए भिगो दें, फिर अच्छी तरह पानी हटा कर छिछली प्लेट में बिछा कर फ्रिज में रख दें।
- मछली को साफ कर ठण्ढे पानी में धो लें।
- मछली के दोनों तरफ से स्लाइज निकाल लें और बीच की हड्डी निकाल दें।
- कोर्ट बाउइलॉन में 12 मिनट मीडियम मोड पर पकायें। पानी हटा कर ठण्ढा करें।
- टमाटर, खीरा स्लाइस में काट लें। नींबू के भी स्लाइस बना लें।
- मछली को कतरे करके बाउल में डालें, सॉस मिलाकर फ्रिज में ½ घण्टे के लिए रखें।
- अब पत्ते बिछी प्लेट में फिश मेयोनीज़ बीच में डाल दें और टमाटर, खीरा व नींबू के स्लाइस से सजाकर सर्व करें।

विशेष-

- यह डिश सैलेड के रूप में अथवा काण्टिनेण्टल साइड डिश के रूप में परोसी जा सकती है।

कोर्ट बाउलिऑन बनाने के लिए-

- 1 लीटर पानी में 1 बड़ा चम्मच नमक, 1 छोटा कटा गाजर, 1 छोटा कटा प्याज, 1 तेज पत्ता, 2 पार्सले ठण्ढी, 75 मिली लीटर सिरका व 6 काली मिर्च डालकर 20 मिनट हाई मोड पर ढक कर उबालें।
- प्रयोग में लाने से पहले छान लें।
- यह स्टॉक काफी दिनों तक खराब नहीं होता। फ्रिज में रख कर स्टोर करें। इसमें पकी मछली बड़ी स्वादिष्ट बनती है।

चिकन स्ट्यू

सामग्री- **समय- 40 मिनट माइक्रो**

चिकन	1	मैदा	½ कप
नींबू रस	¼ कप	मक्खन/रोल	¼ कप
टोमैटो केचप	½ कप	वोरसेस्टर शाइर सॉस	1 बड़ा चम्मच
हॉट पेपर सॉस	1 छोटा चम्मच	चिली गारलिक सॉस	1 छोटा चम्मच
पानी	4 कप	नमक	1 छोटा चम्मच
तुलसी कटी	1 बड़ा चम्मच	मिर्च पाउडर	½ छोटा चम्मच

विधि-

- चिकन को छोटे-छोटे टुकड़ों में काट कर धो लें और एक ओर रख दें।
- पानी हाई मोड पर 5 मिनट रखें और हटा लें।
- बड़े माइक्रो सुरक्षित बाउल में मक्खन 1 मिनट हाई मोड पिघला लें। मैदा मिलाकर मिक्स करें और गरम पानी डालकर बीटर से मिक्स कर लें।
- अब केचप, नींबू रस, नमक, मिर्च, चिली सॉस, वोरसेस्टर शाइर सॉस मिलाएँ और चिकन के टुकड़े डाल

कर ढक दें तथा 10 मिनट के लिए हाई मोड पर, 25 मिनट लो मोड पर पका लें। फिर 10 मिनट वैसे ही छोड़ दें।

- *अब करारे मेलबा (melba) टोस्ट के साथ गरम चिकन स्ट्यू सर्व करें।*

अदरक-नींबू का ठण्ढा पेय

सामग्री- **समय- 10-12 मिनट माइक्रो**

अदरक	250 *ग्राम*	*पानी*	300 *मिली ग्राम*
चीनी	600 *ग्राम*	*नींबू रस*	200 *मिली ग्राम*

विधि-

- *चीनी और पानी मिलाकर हाई मोड पर 10-12 मिनट रखें और शर्बत बना लें।*
- *अदरक को छील कर ½ कप उबले पानी और ठण्ढे पानी में पीस लें। 1 नींबू निचोड़ कर जूस निकाल लें और शर्बत में मिला लें। ठण्ढा होने के लिए फ्रिज में रख दें।*
- *अब ¼ ग्लास में मिक्सचर डालकर बर्फ का ठण्ढा पानी भर लें और स्टार्टर जैसे पेश करें।*

हैम कोफ्ते

सामग्री- **समय- 20 मिनट माइक्रो**

पका हैम कीमा	1 *कप*	*मैदा*	1 *कप*
रोज़मेरी	¼ *छोटा चम्मच*	*बेकिंग पाउडर*	1 *छोटा चम्मच*
दूध	¼ *कप*	*हरा धनिया कटा हुआ*	2 *बड़े चम्मच*
वेजिटेबल सूप	5 *कप*		

विधि-

- *¾ कप मैदा बेकिंग पाउडर रोजमेरी मिलाकर हैम डाल दें।*
- *दूध मिलाकर अच्छे से सब मिला लें।*
- *बॉल का आकार दें और बचे मैदे में रोल कर लें।*
- *गहरे माइक्रो सुरक्षित बाउल में स्ट्यू को डाल कर 12 मिनट हाई मोड पर रखें और बॉल डाल दें।*
- *डिश को अच्छी तरह बन्द कर दें। 8 मिनट हाई मोड पर माइक्रो करें।*
- *5 मिनट वैसे ही छोड़ दें और नमक स्वादानुसार कर लें।*
- *अब धनिया की पत्ती से सजाकर करारी मल्टीग्रेन ब्रेड या मक्खन लगे डिनर रोल के साथ सर्व करें।*

विविधता के लिए-

- *हैम की जगह मटन या चिकन दोनों में से किसी का भी प्रयोग कर सकते हैं और एक अलग जायके का मजा लें।*

❖❖❖

मुख्य भोजन

टोमैटो सॉस में बैंगन रोल्स

सामग्री- **समय- 17 मिनट माइक्रो**

काला बैंगन	1 *बड़ा*	*टमाटर प्यूरी*	½ *कप*
कार्न फ्लोर	1 *बड़ा चम्मच*	*जीरा पाउडर*	1 *छोटा चम्मच*
प्याज	2 *बड़ी*	*धनिया कटी हुई*	¼ *कप*
लौंग-दालचीनी पाउडर	1 *छोटा चम्मच*	*नमक*	*स्वादानुसार*
मक्खन	1 *बड़ा चम्मच*	*चीज़ कसी हुई*	1 *बड़ा चम्मच*
मैदा	2 *बड़ा चम्मच*	*टमाटर*	1 *बड़ा*
चिली गारलिक सॉस	¼ *कप*	*धनिया पाउडर*	1 *छोटा चम्मच*
काजू पाउडर	¼ *कप*	*लहसुन*	8 *कली*
काली मिर्च	1 *छोटा चम्मच*	*हरी मिर्च*	3
तेल	2 *बड़े चम्मच*	*पानी*	1 *कप*
आरिगेनो	1 *बड़ा चम्मच*		

विधि-

- *बैंगन को पतले-पतले लम्बे कतलों में काट लें। उन पर 1 छोटा चम्मच नमक, काली मिर्च छिड़क लें और ½ घण्टे के लिए अलग रख दें।*

- *टमाटर के डण्ठल वाले सिरे को ऊपर रखते हुए 2 मिनट हाई मोड पर रखें। ठण्ढे होने पर उन्हें छीलकर टुकड़ों में काट लें।*
- *माइक्रोवेव बाउल में 1 मिनट हाई मोड पर तेल गरम करें और कटी प्याज, हरी मिर्च, लहसुन, टमाटर डालें। 3 मिनट हाई मोड पर बिना ढके पकायें।*
- *धनिया और जीरा पाउडर, छोटा चम्मच, नमक, हरा धनिया, काजू पाउडर मिलाकर एक ओर रख दें।*
- *बैंगन को स्टीम बास्केट में 2 मिनट के लिए हाई मोड पर रखें।*
- *मैदा ¼ कप पानी मिलाकर एक ओर रख दें।*
- *बैंगन को प्लेट में फैलाकर रख लें और प्याज का मिक्चर बराबर से सभी पर फैला दें। रोल बनायें और मैदे के घोल में डुबोकर गहरी माइक्रो सुरक्षित डिश में टूथ पिक लगाकर रखें। जिससे रोल खुले नहीं।*
- *टोमैटो सॉस, चिली गारलिक सॉस, मक्खन, लौंग, दाल पाउडर, ½ छोटा चम्मच नमक, पानी माइक्रो सुरक्षित बाउल में डालें 13 मिनट हाई मोड पर रखकर ढक दें।*
- *3 बड़े चम्मच पानी में कार्नफ्लोर मिलायें और सॉस मिक्चर में डालकर हाई मोड पर 1 मिनट पकायें। 5 मिनट छोड़ दें।*
- *धीरे से सॉस बैंगन पर डालें और 1 बड़े चम्मच कसे चीज़ और आरिगेनो मिलाकर 5 मिनट हाई मोड पर माइक्रो करें।*
- *अब तुरन्त गरमा-गरम रोल्स चावल की डिश के साथ सर्व करें।*

विविधता के लिए-

- *प्याज की जगह पके कीमे से भी फिलिंग कर नानवेज बैंगन रोल्स तैयार किये जा सकते हैं। उसमें भी विविधता ला सकते हैं, चाहे तो कीमा मटन का लें अथवा चिकन का।*

स्टफ्ड कैबेज

सामग्री-

समय- 3 मिनट माइक्रो
35 मिनट बेकिंग

पार्सले कटा हुआ	*2 बड़े चम्मच*	*बैकॉन रैशर्स* (Bacon Rashers)	*6 पट्टियाँ*
टोमैटो केचप	*¼ कप*	*प्याज पेस्ट*	*¼ कप*
कीमा	*500 ग्राम*	*तेल*	*1 बड़ा चम्मच*
काली मिर्च पाउडर	*1 छोटा चम्मच*	*वोरसेस्टरशाइर सॉस*	*½ छोटा चम्मच*

विधि-

- *पत्ता गोभी धो कर बीच का बड़ा भाग निकाल दें।*
- *¼ कप पानी, 1 छोटा चम्मच नमक डालकर सीमिंग बास्केट उस पर रखें और पत्ता गोभी बास्केट में रखकर हाई मोड पर 10 मिनट पका लें, 5 मिनट ठण्ढा होने दें।*
- *एक पीलर की सहायता से पत्तागोभी में बीच में गड्ढा बना लें।*

- दूसरे बाउल में कीमा, तेल, प्याज पेस्ट व कटे हुए 2 बैकॉन रैशर्स हाई मोड पर 3 मिनट पकायें। बीच में चला लें और गाँठे न पड़ने दें।
- नमक, मिर्च, केचप, पार्सले और वोरसेस्टरशाइर सॉस डालकर मीट को अच्छी तरह मिलायें।
- तेल से चिकनी की हुई सपाट प्लेट में गोभी रखें और उसके पत्ते फैला दें- फिलिंग भर दें और फायल से ढक दें। कन्वेक्शन मोड पर ओवन में 30-35 मिनट पकायें।
- बाकी बचे बैकॉन रैशर्स को तलकर सजायें। चाकू और सपाट चम्मच साथ में रखें।
- अब किसी भी काण्टिनेण्टल भोजन के साथ परोसे।

पालक सूफले (Souffle) और चीज़ सॉस

सामग्री- **समय- 20 मिनट माइक्रो**

पालक	2 बण्डल		
अण्डे	2	आलू मीडियम	2
सोठ	1 छोटा चम्मच	कटा हुआ लहसुन	1 बड़ा चम्मच
चीज़ सॉस	1 कप	दूध	½ कप
काली मिर्च पाउडर	2 छोटे चम्मच	तेल	2 छोटे चम्मच
चीज़ कसी हुई	2 बड़े चम्मच	नमक	स्वादानुसार

विधि-

- पालक साफ कर धो लें और काट लें।
- एक बड़े माइक्रो/सुरक्षित बाउल में पालक रखें और आलू छीलकर छोटे-छोटे टुकड़े कर लें और उसमें मिला दें।
- 5 मिनट हाई मोड पर ढक कर माइक्रो करें। 3 मिनट खोल कर छोड़ दें।
- अण्डे का सफेद हिस्सा और पीला भाग अलग कर दें।
- सूफले डिश को तेल लगायें।
- दूध, अण्डे का पीला भाग, पालक, आलू मिलाकर ब्लेण्ड कर लें। दूसरे बाउल में निकालें और कसा हुआ चीज़, नमक, मिर्च और सोंठ मिलायें।
- लहसुन का तड़का गैस पर तैयार कर पालक में मिलायें।
- अण्डे का सफेद भाग फेंटकर पालक मिक्सचर में डालें।
- 5 मिनट हाई मोड पर माइक्रो करें, फिर कम्बिनेशन मोड पर 10 मिनट रखकर हटा लें।
- चीज़ सॉस को छोटे बाउल में ढक कर रखें और 1 मिनट के लिए रीहीट मोड पर रखें।
- अब किसी भी काण्टिनेण्टल मील और चीज़ सॉस के साथ गरमा-गरम परोसें।

विशेष-

- यह डिश प्रीहीटेड कन्वेक्शन ओवन में भी तैयार की जा सकती है।

स्टफ्ड बैक्ड फूल गोभी

सामग्री- **समय-16 मिनट माइक्रो**

गोभी	1	अदरक-लहसुन पेस्ट	1 बड़ा चम्मच
ताजा क्रीम	1 बड़ा चम्मच	काली मिर्च सॉस	1 छोटा चम्मच
नींबू रस	1 छोटा चम्मच	प्याज-टमाटर पेस्ट	1 कप
बादाम, काजू	¼ कप	मिक्सड मसाला पाउडर	1 छोटा चम्मच
ऑरिगेनो	1 छोटा चम्मच	कसा चीज़	¼ कप
नमक	स्वादानुसार		

विधि-

- गोभी को धो कर पानी में नमक और नींबू डालकर 30-40 मिनट के लिए भिगो दें।
- ¼ कप पानी नीचे डालकर, स्टीमिंग बास्केट में गोभी भी रखें और 6 मिनट हाई मोड पर ढक कर पकायें। ओवन से हटा कर ढका रहने दें।
- एक बाउल में चीज़ को छोड़कर सारी सामग्री मिक्स कर लें।
- गोभी को बाहर निकालें और छुरी की सहायता से फूलों को हटा कर अन्दर-बाहर सब जगह प्याज-टमाटर मिक्सचर लगायें।
- माइक्रो सुरक्षित प्लेट में गोभी रखकर कसे चीज़ को छिड़क दें।
- काम्बिनेशन 1 पर 10-12 मिनट रखें, गोभी पर चीज़ पिघल जायेगा और गोभी का ऊपरी हिस्सा पक कर सुनहरा हो जायेगा। अगर काम्बिनेशन मोड नहीं है, तो कन्वेनेशन मोड पर ओवन प्रीहीट कर बनायें।
- 3 मिनट ऐसे ही छोड़ दें।
- अब टमाटर के कतले और खीरे के टुकड़ों से सजाकर, किसी भारतीय काण्टिनेण्टल मील के साथ गरम ही पेश करें।

विविधता के लिए-

- गोभी को 1 कप बढ़िया मसाले वाली पालक प्यूरी, ½ कप चीज़ सॉस, ¼ कप चीज़ छिड़क कर टमाटर की फॉकों के साथ पेश कर सकते हैं।

कार्न पुडिंग

सामगी- **समय- 23 मिनट माइक्रो**

क्रीम स्टाइल कार्न	2½ कप	दूध	2 कप
चीज़ कसी हुई	¼ कप	नमक और मिर्च	स्वादानुसार
अण्डे	2	गुलायम ब्रेड क्रम्स	1 कप
पार्सले सूखा	¼ छोटा चम्मच		

विधि-

- *अण्डा फेंट कर दूध में मिला लें।*
- *ब्रेड क्रम्स और कार्न डाल कर अच्छी तरह मिलायें।*
- *कसी चीज़, नमक और मिर्च डालकर मिलायें फिर पार्सले बुरक दें।*
- *तेल लगा कर चिकनी की गयी ट्रे में डालर क्लिंग फ़िल्म से ढक दें।*
- *बाउल को आधा पानी से भर दें। 8 मिनट हाई मोड पर उबालें और पुडिंग बाउल इसमें रखकर मीडियम मोड पर 15 मिनट रखें।*
- *डिश को 5 मिनट ऐसे ही रहने दें, फिर हटा लें।*
- *अब इस डिश को करारी ब्रेड और किसी काण्टिनेण्टल मील के साथ गरम ही सर्व करें।*

चिकन मशरूम पाइ क्रस्ट पेस्ट्री के साथ

सामग्री- **समय- 20 मिनट बेकिंग 6 मिनट माइक्रो**

मैदा	1½ *कप*	*मक्खन*	½ *कप*
चिकन उबला (फिटिंग के लिए)	1 *ब्रेस्ट*	*लाल शिमला मिर्च*	½
ह्वाइट सॉस	1½ *कप*	*पानी*	3 *बड़े चम्मच ठण्ढा*
नमक	½ *छोटा चम्मच*	*मिर्च पाउडर*	1 *छोटा चम्मच*
मशरूम कतले	1 *कप*	*हरी मटर उबली हुई*	½ *कप*
क्रीम	½ *कप*	*तुलसी*	9-10 *पानी*
हरी मिर्च	2	*अण्डे की जर्दी*	1
मक्खन	2 *बड़े चम्मच*	*नमक*	*स्वादानुसार*

विधि (पेस्ट्री के लिए)-

- *प्रीहीट करके कन्वेक्शन मोड 300° सेल्सियस पर 15 मिनट रखें।*
- *मैदा, नमक छान लें। मक्खन डालें और बराबर मिला लें।*
- *ठण्ढा पानी डाल कर गूँथ लें और बॉल बना लें।*

नोट- गरम मौसम में गूथे मैदे को लपेट कर 5-10 मिनट फ्रिज में रख लें।

- *पेस्ट्री को 1/8 इंच मोटी होना चाहिए। 9 इंच के पाइ शेल में उसे फिट कर लें और किनारे मोड़ लें।*
- *पेस्ट्री के किनारे काँटे से दबा लें और बीच में भी छेद कर लें, जिससे बीच से फूले नहीं।*
- *गरम ओवन में 15-20 मिनट बेक करें। ओवन से हटा कर अलग रख दें। ठण्ढा होने पर शेल से सावधानी से बाहर कर लें या दोहरी वैक्स पेपर शीट पर रख कर 6-7 मिनट हाई मोड पर रखें और हटा कर ठण्ढा होने पर पेपर हटायें।*

क्लिंग फिल्म के लिए-

- *उबला चिकन पतला-पतला काट लें।*
- *हरी मिर्च के बीज़ निकाल लें और बारीक कर काट लें।*
- *शिमला मिर्च के भी बीज निकाल कर काट लें।*
- *एक माइक्रो सुरक्षित बाउल में मक्खन, मिर्च और शिमला मिर्च डालकर हाई मोड में 3 मिनट बिना ढके पकायें।*
- *क्रीम ह्वाइट सॉस, चिकन, हरी मटर, नमक, मिर्च और फेंटा हुआ अण्डे का योक (पीला भाग), मशरूम मिक्सचर से अच्छी तरह मिलायें।*
- *ढक्कन से ढक कर 3 मिनट री-हीट मोड पर रखें। बीच-बीच में चलायें, फिर हटा लें।*
- *अब सर्विंग प्लेट में बेक की हुई पाई को रखें और चिकन मशरूम मिक्सचर को डालकर तुरन्त किसी काण्टिनेण्टल मील के साथ सर्व करें।*

विविधता के लिए-

- *आप इसे वेजिटेरियन भी बना सकते है, अपनी मनपसन्द सब्जियाँ और इसी विधि से तैयार कर लें।*

विशेष-

- *अगर माइक्रोवेव में कन्वेक्शन मोड नहीं हो, तो तब भी पाइ शेल को ओ.टी.जी. में रखकर बना सकते हैं।*

शेपर्ड्स पाइ (Shepherds Pie)

सामग्री- **समय- 35-40 मिनट माइक्रो**

कीमा	½ किलो	मक्खन	2 बड़े चम्मच
टोमैटो प्यूरी	½ कप	पानी/स्टॉक	1 कप
प्याज कटी हुई	1	मिर्च पाउडर	1 छोटा चम्मच
नमक	स्वादानुसार	दूध	1/3 कप
सोंठ	1 छोटा चम्मच	आलू	500 ग्राम
कार्नफ्लोर	1 बड़ा चम्मच	पुदीना पाउडर	1 छोटा चम्मच

विधि-

- *आलू को छील कर धो कर काट लें और स्टीमिंग बास्केट में 5 मिनट हाई मोड पर रखकर पकायें। 15 मिनट वैसे ही छोड़ दें।*
- *हटा कर तुरन्त मसल लें।*
- *½ छोटा चम्मच नमक और दूध मिलाकर गूँथ लें।*
- *आधा मक्खन पिघलायें, प्याज काटें और हाई मोड पर 2 मिनट माइक्रो करें।*
- *बाहर निकाल कर कीमा और नमक अच्छी तरह मिला लें। हाई मोड पर 3 मिनट बिना ढके पकायें। बीच-बीच में चला लें।*

- *काँटे से गाँठे अलग कर लें। पानी/स्टॉक, टमाटर प्यूरी, मिर्च, अदरक व पुदीना पाउडर हाई मोड पर 3 मिनट पकायें।*
- *बीच में कार्नफ्लोर 3 बड़े चम्मच पानी में घोल लें। कीमें में उसे डालकर चलायें। 2 मिनट हाई मोड पर पकने दें। 5 मिनट वैसे ही रहने दें।*
- *माइक्रो सुरक्षित चौरस डिश में तेल लगा लें। कीमे को उसमें डाल कर बराबर फैला लें।*
- *मीट पर मसले हुए आलू फैलाकर पूरी तरह से ढक दें। काँटे से एक बराबर कर लें और बचा मक्खन डालें।*
- *अब काम्बिनेशन - 1 मोड पर 20-25 मिनट तक बेक करें।*
- *प्रीहीटेड कन्वेक्शन मोड पर 30-40 मिनट पकायें।*
- *अब गरम पाइ को गारलिक ब्रेड और हल्के सूप के साथ सर्व करें।*

विविधता के लिए-

- *कीमे की जगह महीन कटी हुई सब्जियाँ, 1 चम्मच मिक्सड मसाले के साथ डाली जा सकती हैं।*

मीटलोफ Meatloaf (मीट की रोटी)

सामग्री-

समय- 3 मिनट माइक्रो
1 घण्टा बेकिंग कन्वेनशन

मटन कीमा	*½ किलो*	*मक्खन*	*1 बड़ा चम्मच*
पार्सले कटी हुई	*1 डण्डी*	*अण्डा, सख्त उबला*	*1*
पानी	*1 बड़ा चम्मच*	*ब्रेड क्रम्स*	*½ कप*
प्याज कटी	*1*	*अण्डा*	*1*
मिर्च पाउडर	*स्वेच्छानुसार*	*नमक*	*स्वादानुसार*

विधि-

- *अण्डे फेंटकर एक ओर रख दें।*
- *उबले अण्डे के स्लाइस काट लें।*
- *रोटी-टिन को तेल लगा कर चिकना कर लें और बिना छुए ब्रेड क्रम्स फैला दें।*
- *मक्खन को माइक्रो सुरक्षित बाउल में 1 मिनट हाई मोड पर रखें।*
- *कटे हुए प्याज डालें और 2 मिनट हाई मोड पर पकायें।*
- *हटाकर कीमा मिलायें। शेष ब्रेड क्रम्स नमक, मिर्च पाउडर और कटी हुई पार्सले मिलाकर पानी छिड़कें और चला लें।*
- *कन्वेक्शन मोड को फिर प्रीहीट मोड पर रखें। 180° सेल्सियस पर 15 मिनट के लिए रखें।*
- *उबले अण्डे की स्लाइस एक पंक्ति में लगा दें और तैयार मीट को इसमें बराबर से दबा लें।*
- *टिन कवर/बटर पेपर या एल्युमिनियम फॉयल से रोटी को ढक कर गरम ओवन में 30 मिनट रखें। कवर हटा कर 10 मिनट और बेक करें।*

- *लोफ टिन को बाहर निकालें और रोटी को फ्रिज में ढक कर रखें और ठण्ढा होने दें।*
- *उलट कर ½ इंच मोटे टुकड़ों में काट लें।*
- *अब टमाटर सॉस अथवा प्याज की ग्रेवी के साथ किसी काण्टिनेण्टल मील में परोसें।*

विशेष-

- *यह रोटी एक सप्ताह फ्रिज में सुरक्षित रखी जा सकती है।*

विविधता के लिए-

- *इसे सैण्डविच या बर्गर फिलिंग के लिए भी प्रयोग कर सकते हैं।*

बेक्ड फिश स्लाइस

सामग्री-

समय- 6 मिनट माइक्रो
35 मिनट कन्वेक्शन मोड

पॉम्फ्रेट	½ *किलो*	*मशरूम*	100 *ग्राम*
मक्खन	2 *बड़े चम्मच*	*नींबू*	1
ताजा ब्रेड क्रम्स	½ *कप*	*टमाटर*	2 *बड़े*
प्याज	2 *मीडियम*	*चीज़*	2 *छोटे चम्मच*
मिर्च पाउडर	2 *छोटे चम्मच*		

विधि-

- *कन्वेक्शन को प्रीहीट करें।*
- *फिश के स्लाइस बनायें और खाल उतार दें व ठण्ढे पानी में धो लें।*
- *टमाटर को हीट प्रूफ डिश में डण्ठल के साइड को ऊपर रखकर 2 मिनट हाई मोड पर माइक्रो करें। हटाकर ठण्ढा करें और छील कर फाँके बना लें।*
- *साफ कर व धो कर मशरूम और प्याज के कतले काट लें।*
- *माइक्रो सुरक्षित बाउल में मक्खन डालकर हाई मोड पर 1 मिनट रखें और कटे प्याज तथा मशरूम उसमें डाल दें। 3 मिनट हाई मोड पर बिना ढके और बीच में एक बार चलायें।*
- *हीट प्रूफ डिश में तेल लगायें। पतले कटे हुए टमाटर बिछा दें और उनके ऊपर फिश की स्लाइसें रख दें। नमक, मिर्च छिड़कें और पके हुए प्याज और मशरूम फैला दें।*
- *बार-बार परत लगाते रहें, पर अन्त में टमाटर की परत लगायें।*
- *कसे हुए चीज़, ब्रेड क्रम्स और 1 बड़ा चम्मच मक्खन इस पर छिड़क दें और ऊपर से ढक दें।*
- *गरम ओवन में 35-40 मिनट रखें।*
- *अब किसी भी काण्टिनेण्टल खाने के साथ परोसें।*

फिश सूफले

सामग्री- **समय- 20 मिनट माइक्रो**

फिश	*½ किलो*	*सिरका*	*2 बड़े चम्मच*
मिर्च पाउडर	*1 छोटा चम्मच*	*अण्डे*	*2*
नमक	*1 छोटा चम्मच*	*ह्वाइट सॉस*	*1½ रेसिपी*

विधि-

- *फिश धो कर साफ कर लें।*
- *नमक, सिरका मिलायें और फिश पर अच्छी तरह चुपड़ लें।*
- *फिश को स्टीमिंग बास्केट में नीचे ¼ कप पानी डालें, 6-8 मिनट हाई मोड पर माइक्रो करें। 3 मिनट रहने दें, फिर बाहर निकाल कर ठण्ढा होने दें।*
- *कन्वेक्शन मोड को सन्तुलित ताप के लिए प्रीहीट करें।*
- *फिश को बीच से काटकर हड्डी व खाल अलग कर दें और तार की चलनी से मसल लें।*
- *ह्वाइट सॉस और नमक मिर्च डालें।*
- *अण्डे की जर्दी और सफेदी अलग-अलग कर लें।*
- *जर्दी को फेंटकर फिश मिला लें।*
- *अण्डे की सफेदी को भी फेंटकर फिश मिक्सचर में मिला दें।*
- *हीट प्रूफ डिश में तेल लगाकर मिक्सचर डालें। ओवन में 30-35 मिनट भूरा होने तक रखें।*
- *अथवा माइक्रोवेव में काम्बिनेशन मोड पर रखें और 15-20 मिनट सुनहरा होने तक पकायें।*
- *अब फिश सूफले को गरम ही किसी काण्टिनेण्टल मील के साथ सर्व करें।*

मस्टर्ट सॉस में फिश कटलेट्स

सामग्री- **समय- 12 मिनट माइक्रो**

फिश	*½ किलो*	*उबले आलू*	*3*
हरी मिर्च पेस्ट	*1 बड़ा चम्मच*	*सिरका*	*¼ कप*
कार्न फ्लोर	*¼ कप*	*अदरक पेस्ट*	*1 छोटा चम्मच*
पेपर पाउडर	*1 छोटा चम्मच*	*सरसों पाउडर*	*2 बड़े चम्मच*
मक्खन	*2 बड़े चम्मच*	*ह्वाइट सॉस*	*1½ कप*
पार्सले कटी हुई	*1 बड़ा चम्मच*		

विधि-

- *साफ और धुली फिश को सिरका-नमक लगाकर 30 मिनट के लिए रख दें।*
- *फिश को हाई मोड पर 6-8 मिनट माइक्रो करें और हड्डी-खाल हटा लें।*

- फिश के पके हुए टुकड़े, उबले आलू, कार्न फ्लोर, हरी मिर्च पेस्ट, अदरक पेस्ट, नमक व मिर्च के साथ मसलकर अच्छी तरह मिला लें। बराबर भागों में बाँटे और आकार दें।
- दिल/फिश/ या अन्य किसी मनपसन्द आकार में कटलेट बनायें।
- सन्तुलित ताप पर 15 मिनट बेक करें और सरसों की सॉस के साथ गरमा-गरम पेश करें।

अथवा

- चौकोर डिश में तेल गरम करें, कटलेट डालें और तेल अच्छी तरह ऊपर लगा दें।
- 2 मिनट हाई मोड पर माइक्रो कुक करें।
- ह्वाइट सॉस और सरसों पाउडर मिलायें तथा फिश पर डाल दें।
- क्लिंग फिल्म से ढक दें और हाई मोड पर 3 मिनट पकायें।
- अब कटी हुई पार्सले से सजाकर गरमा-गरम कटलेट्स सरसों के सॉस के साथ खाने को दें। साथ में करारी ब्रेड और गरम सूप हो, तो क्या कहने।

चिकन मस्टर्ड क्रम्स के साथ

सामग्री- **समय- 10 मिनट माइक्रो**

चिकन लेग	6	सरसों पाउडर	3 बड़े चम्मच
तिल	$\frac{1}{4}$ कप	मिर्च	$\frac{1}{2}$ छोटा चम्मच
मक्खन	4 बड़े चम्मच	सूखा ब्रेड क्रम्स	$\frac{3}{4}$ कप
पेपरिका	1 छोटा चम्मच	नमक	$\frac{1}{2}$ छोटा चम्मच

विधि-

- चिकन लेग से चिकन हटा लें और साफ कर लें।
- माइक्रो सुरक्षित बाउल में 1 मिनट मक्खन गरम कर सरसों पाउडर डाल दें।
- दूसरे बाउल में ब्रेड क्रम्स, तिल, पेपरिका, नमक और मिर्च डाल दें।
- चिकन लेग मक्खन मिक्सचर में डुबोयें फिर ब्रेड क्रम्स में लपेट लें।
- एक माइक्रो सुरक्षित डिश में लेग अरेंज कर लें।
- पेपर टावेल से उसे कवर करें और 8-10 मिनट हाई मोड पर और 4 मिनट घुमाते हुए पका लें। 3 मिनट डिश को वैसा ही छोड़ दें।
- अब चिली सॉस या हॉट पेपर बटर के साथ गरम सर्व करें और बेहतरीन स्वाद का मज़ा दिलायें।

हॉट चिली बटर बनाने के लिए-

- $\frac{1}{4}$ कप मक्खन, 1 छोटा चम्मच, तीखी मिर्च, सॉस को 1 मिनट हाई मोट पर माइक्रो करें, बस तैयार है आपका अनोखा डिश।

लेमन चिकन

सामग्री- **समय- 17 मिनट माइक्रो**

चिकन ब्रेस्ट	1	नींबू का छिलका (रिण्ड)	1 छोटा चम्मच
मक्खन	1 छोटा चम्मच	कार्न फ्लोर	2 बड़े चम्मच
अजीनो मोटो	1 चुटकी	काली मिर्च पाउडर	1 छोटा चम्मच
लाल मिर्च तेल	1 छोटा चम्मच	नींबू	3
अण्डे	2	चिकन स्टॉक	2½ कप
मैदा	1 बड़ा चम्मच	हरी धनिया कटी हुई	¼ कप
नमक	2 छोटा चम्मच	काजू भुना हुआ	10

विधि-

- नींबू को छीलकर उसके छिलके इकट्ठा कर लें।
- नींबू काटें और रस निचोड़ लें।
- अण्डे की जर्दी व सफेदी अलग-अलग कर लें।
- 1½ मिनट काजुओं को पेपर बैग में रखकर माइक्रो कर लें। बीच में एक बार हिला लें।
- ठण्ढा होने पर काजुओं को लम्बे-लम्बे काट लें।
- चिकन ब्रेस्ट पतली-पतली पट्टियों में काट लें।
- नींबू रस अजीनोमोटो में 1 छोटा चम्मच नमक डालकर मेरिनेट करके 1 घण्टे के लिए रख दें।
- एक माइक्रो सुरक्षित बाउल में अण्डे की जर्दी, 2 बड़े चम्मच, कार्न फ्लोर, मक्खन डालकर फेंट लें, फिर चिकन स्टॉक डालें, हिला कर अच्छी तरह मिला लें।
- 3 मिनट हाई मोड पर रखें, 2 मिनट बाद चला लें।
- हटा कर नींबू के छिलके डालकर ढक दें।
- अण्डे की सफेदी को खूब फेंट लें और नींबू का रस डाल लें। ढक कर रख दें।
- मेरिनेटेड चिकन का पानी हटा लें। 1 बड़ा चम्मच मैदा उस पर छिड़कें और मिला लें।
- दूसरे बाउल में मिर्ची, तेल को 2 मिनट हाई मोड पर रखें, चिकन के टुकड़े डालें और उलट-पलट कर तेल टुकड़ों पर अच्छी तरह लपेट लें। बची हुई तरी चिकन में डालें और ढक कर 3 मिनट हाई मोड पर पकायें।
- ग्रेवी में चिकन डाल दें और कटा धनिया डालकर ढक दें।
- अब परोसने से पहले डिश को 3 मिनट गरम कर लें।
- हरी धनिया और काजू से सजाकर गरमा-गरम पेश करें।

मटन हॉट-पॉट

सामग्री- **समय- 35 मिनट माइक्रो**

बोन लेस मटन	*½ किलो*	*प्याज*	2
स्टॉक	2 *कप*	*मक्खन*	2 *बड़े चम्मच*
आलू	700 *ग्राम*	*काली मिर्च साबुत*	20
नमक	*स्वादानुसार*		

विधि-

- *आलू और टमाटर छीलकर स्लाइस बना लें।*
- *धो कर मटन के भी स्लाइस बना लें।*
- *एक माइक्रो सुरक्षित बाउल लेकर मीट, प्याज, आलू एक-एक कर परतों में रखें। अन्त में आलू की मोटी परत रखें।*
- *स्टॉक/पानी डालकर डिश क्लिंग फिल्म से ढक दें और उसमें एक छेद बना दें।*
- *उसे हाई मोड पर* 10 *मिनट पकायें, फिर* 15 *मिनट मीडियम मोड पर।*
- *फिल्म हटायें और आलू पर मक्खन के टुकड़े कई जगह रख दें।*
- *काम्बिनेशन मोड पर* 10 *मिनट रखें।*
- *अब करारी रोल अथवा डिनर रोल के साथ सर्व करें।*

❖❖❖

डेजर्ट/स्वीट डिश/मीठे व्यंजन

सेब और खुबानी क्रम्बल

सामग्री- **समय- 14 मिनट माइक्रो**
30 मिनट बेक

सेब	3	*चीनी*	¼ *कप*
नींबू रस	2 *बड़े चम्मच*	*मक्खन*	100 *ग्राम*
आटा	½ *कप*	*ताजा क्रीम*	½ *कप*
खुबानी	15	*कसा हुआ गुड़* (Jaggery)	½ *कप*
दाल चीनी पाउडर	¼ *छोटा चम्मच*	*भूरी चीनी*	½ *कप*

विधि -

- *2 कप पानी को हाई मोड पर 2 मिनट रखें। फिर खुबानी 2 घण्टे के लिए भिगो कर अलग रख दें।*
- *सेब छीलकर अन्दर साफ कर टुकड़ों में काट लें और नींबू के रस तथा ½ कप पानी, चीनी और दालचीनी पाउडर मिलाकर ढक दें तथा 6 मिनट मीडियम मोड पर माइक्रो करें। फिर उसे मसल लें।*
- *खुबानी से बीज हटाकर उन्हें पानी में भिगो दें। लौंग पाउडर डाल कर ढक दें और 6 मिनट हाई मोड पर रखें। डिश को 5 मिनट वैसे ही छोड़ दें, फिर जगेरी डालें और ब्लेण्ड कर लें।*

- खुबानी के बीज छोड़कर अन्दर से गूदा निकालकर स्लाइस करें और खुबानी के गूदे में मिला दें।
- 180° डिग्री सेल्सियस पर कन्वेक्शन मोड को गरम करें।
- आटा, भूरी चीनी एक बाउल में मिलायें। मक्खन को छोटे-छोटे टुकड़ों में काट लें और आटे के मिक्सचर में डाल कर बराबर मिला लें।
- हीट प्रूफ डिश को तेल लगायें और सेब का मिक्सचर उसमें डाल लें।
- प्याज से खुबानी का गूदा ऊपर फैला दें।
- चीनी क्रम्बल के ऊपर बुरक दें और 30 मिनट बेक करें।
- अब ऊपर क्रीम से सजाकर गरम ही परोसें।

विविधता के लिए-

- अन्य किन्हीं फलों के साथ भी क्रम्बल बना सकते हैं।

चाकलेट कॉफी केक डिलाइट

सामग्री- **समय- 15 मिनट माइक्रो**

कोकोवा	¼ कप	चीनी	1¼ कप
दूध	½ य ¾ कप	वेनिला	1 छोटा चम्मच
कॉफी पाउडर	2 बड़े चम्मच	मक्खन	1 बड़ा चम्मच
बेकिंग पाउडर	2 छोटे चम्मच		

विधि-

- माइक्रोवेव सुरक्षित चौकोर 8-9 इंच की प्लेट लें।
- चीनी को पीस लें। आटे, कोकोआ, कॉफी और बेकिंग पाउडर को मिलाकर 2 बार छान लें।
- बेकिंग डिश में 1 बड़ा चम्मच मक्खन 30 सेकेण्ड के लिए हाई मोड पर माइक्रो करें। फिर मक्खन को बराबर फैला दें।
- मक्खन, चीनी का बूरा, अण्डे की जर्दी को बीटर से मिक्स कर लें। अगर जरूरत पड़े, तो थोड़ा-सा दूध डाल कर क्रीमी पेस्ट बना लें।
- मैदा और दूध बराबर से डालते हुए मिला लें। वेनिला एसेंस डालकर फिर से मिक्स करें।
- अण्डे की सफेदी को कस के फेंट लें। केक मिक्सचर में अच्छी तरह मिला लें।
- मिक्सचर को ग्रीस की हुई डिश में डाल दें। काम्बिनेशन-3 पर 1 मिनट के लिए रखें।
- ओवन से बाहर निकालें और 10-15 मिनट वैसे ही छोड़ दें ताकि उनकी नमी निकल जाये।
- अब दो इंच के वर्गाकार टुकड़ों में काटकर ऊपर वेनिला आइसक्रीम डालें। उसके ऊपर चाकलेट सॉस सजाकर सर्व करें।

चॉकलेट सॉस बनाने के लिए-

2 बड़े चम्मच कोकोआ पाउडर
4 बड़े चम्मच चीनी
¾ कप गुनगुना पानी

- एक माइक्रो सुरक्षित बाउल में 3 मिनट हाई मोड पर माइक्रो करें और बीच में एक बार चला लें।

आइसिंग क्रीम बनाने के लिए-

- 200 मिली ग्राम ताजा क्रीम, 2 बड़े चम्मच आइसिंग शुगर व चुटकी भर खट्टा क्रीम।

चॉकलेट केक बनाने के लिए-

- कॉफी पाउडर के स्थान पर 2 बड़े चम्मच कोकोवा पाउडर
- ¼ कप चीनी और बढ़ा लें।

नोट- 15 मिनट प्रीहीट करने के बाद कन्वेक्शन मोड को 180° सेल्सियस पर 30-40 मिनट के लिए केक बेक किया जा सकता है। कन्वेक्शन मोड के लिए अल्युमिनियम मोल्ड प्रयोग किये जाते हैं।

- सफेद या भूरा पेपर लगाकर ग्रीस कर लें, फिर केक पर बटर डालें।

बेक्ड अलास्का (Alaska)

सामग्री- **समय- 5 मिनट बेकिंग**

स्पंज या चाकलेट केक	1	चीनी	10 बड़े चम्मच
अण्डे की सफेदी	5	वेनिला/चॉकलेट	आइसक्रीम

विधि-

- कन्वेक्शन मोड को 200° सेल्सियस पर प्रीहीट करें।
- स्पंज केक को दो हिस्सों में काट दें।
- 5 अण्डों की सफेदी कस के फेंट लें। धीरे-धीरे चीनी मिलाकर फेंटते जायें, जब तक चमकदार नहीं हो जाता।
- केक को हीट प्रूफ प्लेट में रखें।
- एक केक के हिस्से पर आइसक्रीम की मोटी परत लगायें, दूसरे हिस्से से ढक दें। आइसक्रीम के ऊपर भी रखे केक को अच्छी तरह से ढक दें।
- अब पूरे केक को फेंटते हुए अण्डे के मिक्सचर से चारों ओर से ढक दें।
- हल्का भूरा होने तक केक को 5 मिनट बेक करें।
- अब स्लाइस करके केक को तुरन्त परोसें। जब चाकलेट केक लें, तो वेनिला आइसक्रीम लें और जब मिल्क केक लें, तो चॉकलेट आइसक्रीम के साथ बनायें।

बादामी सन्तरा केक

सामग्री- **समय- 40 मिनट बेकिंग**

आटा	$2\frac{1}{2}$ *कप*	*सन्तरे के छिलके*	3 *सन्तरे*
मक्खन/तेल	$\frac{3}{4}$ *कप*	*बेकिंग पाउडर*	1 *छोटा चम्मच*
बादाम	$\frac{1}{4}$ *कप*	*सन्तरे का रस*	3 *सन्तरे*
अण्डे	4	*चीनी*	2 *कप*
खाने वाला नारंगी रंग	3 *बूँद*	*पानी*	1 *कप*

विधि-

- *सन्तरे के छिलके को साफ कर छोटे-छोटे टुकड़े कर लें।*
- 1 *कप चीनी और पानी के साथ* 6 *मिनट हाई मोड पर बिना ढके पकायें। ठण्डा होने दें।*
- 3 *बादामों को छोड़ कर सारे कूट कर एक ओर रख लें।*
- *बेकिंग पाउडर और आटे को छान लें।*
- *कन्वेक्शन मोड पर सन्तुलित तापक्रम के लिए प्रीहीट करे।*
- *मोल्ड को दोहरा पेपर बिछा कर ग्रीस करें।*
- *चीनी, मक्खन, अण्डों को एक साथ अच्छी तरह फेंट लें।*
- *आधा आटा इसमें मिला दें।*
- *बड़े छिलके और कूटे हुए बादाम रंग इस मिक्सचर में मिलाएँ। रस डालकर चलायें और शेष आटा भी मिला लें।*
- *ग्रीस्ड मोल्ड में मिक्सचर डाल दें। बादाम के स्लाइस बराबर से फैला दें और सन्तुलित ताप क्रम में* 25-40 *मिनट बेक करें।*
- *बाहर निकालें और ठण्ढा करने वाले रैक पर उल्टा कर दें।*
- *अब केक के टुकड़े काट लें और वेनिला आइसक्रीम तथा औरंज सॉस के साथ शाम के नाश्ते में पेश करें।*

ओरंज सॉस बनाने के लिए-

- *आधा कप चीनी,* 2 *बड़े चम्मच आटा,* $\frac{1}{2}$ *छोटा चम्मच नमक, एक माइक्रो सुरक्षित बाउल में डालकर* 1 *कप पानी धीरे-धीरे मिला लें और हाई मोड पर* 3 *मिनट रखें। बीच में चला लें। एक कप सन्तरे का रस मिला दें,* 2 *बड़े चम्मच नींबू का रस,* 2 *बड़े चम्मच कटा हुआ सन्तरे का छिलका और* 1 *बड़ा चम्मच मक्खन डालकर अच्छी तरह मिला लें और गरम या ताजी क्रीम आइसिंग के साथ पेश करें।*

ताजी क्रीम आइसिंग के लिए-

- 200 *ग्राम क्रीम को फेंट लें और* $\frac{1}{4}$ *आइसिंग अथवा पाउडर शुगर और एक चुटकी खट्टा क्रीम तथा* 2 *बूँद ओरेंज एसेंस डालकर मिला लें और फ्रिज में ठण्ढा कर लें।*
- *केक को दो टुकड़ों में काट लें। सन्तरे का जूस छिड़क कर, ताजा क्रीम, आइसिंग करें और दूसरे हिस्से से ढक दें तथा ऊपर ताजा क्रीम और सन्तरे की फाँकों से सजायें।*

विशेष-

- *यदि केक को ठण्ढे डेस्र्ट की तरह पेश करना चाहते हैं, तो रिफाइण्ड ऑयल में पका लें।*

रम फ्रूट केक

सामग्री- **समय- 1½ घण्टा बेकिंग**

मैदा	450 *ग्राम*	*चीनी*	200 *ग्राम*
बेकिंग पाउडर	¼ *छोटा चम्मच*	*इलायची पाउडर*	½ *छोटा चम्मच*
मक्खन	150 *ग्राम*	*अण्डे*	4
बेकिंग सोडा	½	*दालचीनी पाउडर*	1 *छोटा चम्मच*
काली किशमिश	50 *ग्राम*	*मुनक्के*	100 *ग्राम*
अदरक	50 *ग्राम*	*रम*	4 *बड़े पेग*

विधि-

- *सारे मेवे को काटकर रम में एक चुटकी नमक के साथ भिगो दें और फ्रिज में 48 घण्टे के लिए रख दें।*
- *¼ कप चीनी और 1 कप पानी के साथ चीनी का शर्बत बनायें। चीनी को गैस पर किसी पैन में डालकर जला लें और 1 कप पानी थोड़ा ही उबालें, फिर हटा लें।*
- *मैदा बेकिंग पाउडर और बेकिंग सोडा डालकर दो बार छान लें।*
- *मोल्ड को दोहरा पेपर लगा कर ग्रीस करें।*
- *कन्वेक्शन मोड सन्तुलित ताप के लिए ऑन कर दें।*
- *अण्डे की जर्दी और सफेदी अलग-अलग कर लें।*
- *मक्खन और बूरा साथ फेंटे, अण्डे की जर्दी मिलाकर फेंटे। अण्डे की सफेदी को अलग से फेंटे, फिर साथ मिला लें।*
- *थोड़ा-थोड़ा करके मैदा मिला लें।*
- *भींगे मेवे को अच्छी तरह मैदे में मिला दें।*
- *जायफल पाउडर और मसाला पाउडर एक साथ छिड़कें।*
- *अन्त में जली चीनी सिरप इसमें मिला लें।*
- *मिक्सचर को मोल्ड में डालकर 5 मिनट रुकें और चम्मच से बीच में दबा दें, जिससे पकने पर केक बीच से उठे नहीं।*
- *मोल्ड को हॉट ओवन में रखकर 1½ घण्टे बेक करें और बाहर निकालें। ठण्ढा होने पर स्टोर कर लें। यह काफी दिनों तक खराब नहीं होता।*
- *अब केक को काटकर टुकड़े कर लें। यह मेवे से भरपूर केक उत्सवों पर विशेष तौर पर बनाया जाता है।*

खजूर और अखरोट केक

सामग्री- **समय- 35 मिनट बेकिंग (कन्वेक्शन मोड)**

आटा	2 कप	मैदा	1 कप
अण्डे	2	मक्खन	½ कप
अखरोट	¼ कप	चीनी	½ कप
खजूर	10	दूध	½ कप
बेकिंग सोडा	1 छोटा चम्मच	रम	½ कप

विधि-

- कन्वेक्शन मोड को 180° सेल्सियस पर प्रीहीट करें।
- खजूर काटकर रस में भिगों दें।
- अखरोट को दरदरा कूट लें।
- आटे में सोडा मिला कर छान लें।
- मक्खन और पानी को साथ फेंट लें।
- अण्डे डालें और फिर फेंटे।
- मैदा और दूध धीरे-धीरे करके मिला लें।
- खजूर और रम मिलायें तथा अखरोट डाल कर अच्छी तरह चला लें।
- 30-35 मिनट बेक होने दें।
- तीली घुसाकर देख लें, यदि केक पक गया होगा, तीली साफ निकल आयेगी।
- ओवन से बाहर निकाल कर कूलिंग रैक पर ठण्ढा होने के लिए उलटा रख दें।
- अब केक के टुकड़े काटकर जब चाहे, मजे से खायें-खिलायें। साथ में चाय/काफी दें।

फ्रूट मेडले (Medley)

सामग्री- **समय- 7 मिनट माइक्रो**

केला	4	सन्तरा	2
काले अंगूर	1 कप	सन्तरे का रस	1 कप
खुबानी	10-15	सेब	2
अनन्नास	½ कप	खजूर	1 कप
नींबू का रस	1 बड़ा चम्मच	रोटी और ब्राण्डी	1 बड़ा चम्मच

विधि-

- सेब और केले को धो कर छील लें।

- 1 इंच के टुकड़े काट लें, नींबू के रस छिड़क दें, जिससे उनका रंग खराब न हो।
- सन्तरे की फाँके निकाल लें अथवा अँगूर लेते हैं, तो उसे धो लें।
- खजूर काट लें और खुबानी के बीज़ निकाल लें।
- एक हीट प्रूफ डिश में फल और मेवे परतों में लगा दें।
- सन्तरे का रस और ब्राण्डी फलों पर छिड़कें, ढक कर 7 मिनट री-हीट करें।
- ढक्कन खोलें और मेवे से सजायें। गरमा-गरम तुरन्त सर्व करें।

आरेंज लेमन शिफॉन पाई (Chiffon Pie)

सामग्री- **समय- 20 मिनट बेकिंग**
8 मिनट माइक्रो

आटा	1 कप	ठण्ढा पानी	2-3 बड़ा चम्मच
मक्खन	1/3 कप	नमक	½ छोटा चम्मच

विधि-

- कन्वेक्शन मोड को 300° सेल्सियस पर प्रीहीट करें।
- आटे को और नमक को एक साथ छान लें। मक्खन डालकर बराबर मिला लें।
- ठण्ढे पानी को मिलाकर चिकना बॉल बना लें।
- गरमी के दिनों में बॉल को भीगे सूती कपड़े में लपेट कर 5-10 मिनट के लिए रख दें।
- रोटी की तरह बेल लें कि 9 इंच के पाइ शेल में फिट आ जाये। पेस्ट्री को नीचे किनारे से 1 इंच तक ट्रिम करें और नीचे की ओर मोड दें।
- काँटे से किनारे पर हल्के से दबा दें। बीच में काँटे से एक बार गोद लें।
- 15-20 मिनट ओवन बेक करें, हटाकर एक ओर रख दें।

फिलिंग-

- एक कप चीनी, ¼ कप कार्नफ्लोर और ½ छोटा चम्मच नमक माइक्रो सुरक्षित बाउल में डालकर ¼ कप ठण्ढा पानी 1 मिनट हाई मोड पर रखें और चीनी का मिक्सचर उसमें मिला दें।
- ½ कप सन्तरे का जूस मिला दें, ¼ कप नींबू का रस और एक बड़ा चम्मच नींबू के ताजे छिलके उसमें डाल लें।
- मीडियम मोड पर 5 मिनट पकायें, गाँठे बराबर कर लें।
- 3 अण्डे की जर्दी फेंटे और धीरे-धीरे गरम मिक्सचर उस पर डाल दें। एक बार चलायें और हाई मोड पर 2 मिनट में एक बार चला कर पका लें।
- 2 बड़े चम्मच मक्खन डाल दें।
- एक बड़े चम्मच जिलेटिन को 4 बड़े चम्मच पानी में गैस पर गरम कर मिक्चर में डाल दें। ठण्ढा हो जाने दें।

- *मिक्चर को पके हुए पाइ शेल में डाल कर फ्रिज में ठण्ढा कर लें।*

नोट- पाइ शेल पहले से भी बेक किया जा सकते हैं।

क्विक बटर स्कॉच पुडिंग (Butterscotch)

सामग्री- **समय- 13 मिनट**

अण्डे	2	*कार्न फ्लोर*	2 *बड़े चम्मच*
मक्खन	1½ *बड़े चम्मच*	*दूध*	2 *कप*
चीनी	1 *कप*	*वेनिला एसेंस*	1 *छोटा चम्मच*

विधि-

- *माइक्रो सुरक्षित बाउल में चीनी हाई मोड पर 4 मिनट गरम करें। यह पिघल कर भूरी हो जायेगी।*
- *दूध को 30 सेकेण्ड के लिए गरम करें।*
- *पिघली हुई चीनी में दूध मिला दें और बीटर से अच्छी तरह मिला लें।*
- ¼ *कप दूध में कार्नफ्लोर डाल कर मिलायें और चीनी के घोल में डाल दें।*
- *मक्खन, 1 चुटकी नमक, वेनिला एसेंस भी मिला लें*
- *अण्डे की जर्दी अलग से फेंटे और मिक्सचर में डाल लें। हाई मोड पर बिना ढके 3 मिनट माइक्रो करें। एक बार 2 मिनट बाद चला लें।*
- *ओवन से हटा कर ठण्ढा होने दें।*
- 200° *सेल्सियस पर कन्वेक्शन मोड को प्रीहीट करें।*
- *माइक्रो सुरक्षित डिश को ग्रीस करें और ठण्ढा मिक्सचर डाल दें।*
- *अण्डे की सफेदी कसकर फेंटे और गोल चम्मच से एक स्क्रॉच पुडिंग ऊपर रख दें।*
- *5 मिनट के लिए बेक करें।*
- *अब किसी भी काण्टिनेण्टल मील के साथ सर्व करें।*

❖❖❖

चायनीज़ व्यंजन

मोमोज, 155

- *अलग-अलग बाउल में धनिये से सजाकर गरम ही सर्व करें।*

विविधता के लिए-

- *गोभी की बजाय बारीक कटी मशरूम और मटर डालकर इसी विधि से मिक्स्ड वेजिटेबल चिकन सूप तैयार कर सकते हैं।*
- *यदि शाकाहरी बनाना हो, तो चिकन हैम अण्डे न डालें और चिकन स्टॉक की जगह वेजिटेबल स्टॉक डालें।*

चायनीज़ चिकन कार्न सूप

समाग्री- **समय- 19 मिनट माइक्रो**

बोन लेस चिकन ब्रेस्ट	1	*पानी/चिकन स्टॉक*	6 *कप*
अण्डे	2	*नमक*	*स्वादानुसार*
दूधिया मक्के/	2	*कार्न फ्लोर*	3 *बड़े चम्मच*
महीन टुकड़े किये गये कार्न		*हरी मिर्च कटी हुई*	3
चिली सॉस	2 *बड़े चम्मच*		

विधि-

- *5 कप चिकन स्टॉक बड़े माइक्रो सुरक्षित बाउल में डालें। कार्न और बोन लेस चिकन डालकर ढक दें और 10 मिनट हाई मोड पर माइक्रो करें।*
- *3 मिनट डिश को छोड़ दें। ढक्कन खोलें फिर चिकन को बाहर निकालें। ढक कर पट्टियों में या टुकड़ों में काट लें।*
- *1 कप स्टॉक में कार्न फ्लोर मिलायें और गरम सूप में डाल दें। एक छोटा चम्मच नमक मिला कर चलायें। ढक कर 6 मिनट के लिए हाई मोड पर उबालें। बीच में 2 बार चला लें।*
- *बीच में फेंटे हुए अण्डे गरम सूप में डालें। इसके लिए चाहे तो चावल की छन्नी का प्रयोग करें। गाँठे बिलकुल नहीं बननी चाहिए। कतरे किये गये चिकन को गरम सूप में डालकर री-हीट करें और गाढ़ा गरम सर्व करें।*
- *अब अलग-अलग बाउल में सर्व करें और साथ में सोया सॉस टेबल विनेगर अतिरिक्त रखें।*

विविधता के लिए-

- *इस विधि से कार्न और वेजिटेबल का सूप भी बना सकते हैं अथवा नूडल चिकन सूप।*
- *अथवा आधा कप हरी मटर, 1 कप कार्न, ½ कप झींगा और बोनलेस चिकन पेस्ट डालकर चिकन स्वीट कार्न सूप तैयार कर सकते हैं। अण्डे उसमें नहीं डालें।*

गरम, खट्टा, तीखा नानवेज चायनीज़ सूप

सामग्री- **समय- 20 मिनट माइक्रो**

चिकन उबला कतरे में	1 *कप*	*चिकन/वेज स्टॉक*	6 *कप*
मशरूम स्लाइस किया हुआ	¼ *कप*	*झींगा साफ*	¼ *कप*
अण्डे	2	*हरा धनिया कटा हुआ*	¼ *कप*
सिरका	¼ *कप*	*हैम छोटा क्यूब*	¼ *कप*
वैम्बूशूट्स कटे हुए	¼ *कप*	*सोया सॉस*	3 *बड़े चम्मच*
मिर्च पाउडर	2 *छोटे चम्मच*	*नमक*	*स्वादानुसार*
कार्न माड़ (स्टार्च)	3 *बड़े चम्मच*		

विधि-

- *5 कप स्टॉक 5 मिनट हाई मोड पर उबाल लें।*
- *हैम, मशरूम, झींगा, वैम्बूशूटस डालकर मीडियम मोड पर 10 मिनट रखें।*
- *कतरे हुए चिकन, सोया सॉस, सिरका और ताजी कुटी मिर्च को डालें।*
- *एक कप बचे हुए स्टॉक में कार्न फ्लोर डालकर मिलाएँ और गरम स्टॉक में डाल दें। 3 मिनट हाई मोड पर बीच में चलाते हुए उबालें। बाउल बाहर निकाले।*
- *अण्डे को फेंट कर सूप में मिला दें और बराबर चलाते रहें।*
- *3 मिनट फिर री-हीट करें और गरमा-गरम परोसें।*

विविधता के लिए-

- *चायनीज काले मशरूम डालें 15 मिनट के लिए पहले भिगो लें, फिर काटें।*
- *वेजिटेबल सूप बनाने के लिए बींस, शिमला मिर्च, हरी मटर व हरा धनिया डालकर इसी विधि से बना सकते हैं।*

क्रैब और कार्न सूप

सामग्री- **समय- 15 मिनट माइक्रो**

क्रैब मीट	1 *कप*	*चिकन स्टॉक*	5 *कप*
पानी	¼ *कप*	*दूध*	2 *बड़े चम्मच*
तीखा मिर्च सॉस	1 *छोटा चम्मच*	*कार्न उबले हुये*	–
कार्न फ्लोर	2 *बड़े चम्मच*	*अण्डे की सफेदी*	2
तिल का तेल	¼ *कप*	*नमक*	*स्वादानुसार*

विधि-

- *चिकन स्टॉक को बड़े माइक्रो सुरक्षित बाउल में डालें और 10 मिनट हाई मोड पर उबालें।*
- *क्रैब मीट डालें और स्वादानुसार नमक मिलायें।*

- ¼ कप पानी में कार्न फ्लोर मिक्स करें।
- ढक कर 5 मिनट हाई मोड पर पकायें।
- अण्डे की सफेदी और दूध को हल्के से फेंट लें।
- बाउल को हटाकर अण्डे की सफेदी को बराबर चलायें।
- तिल के तेल और मिर्च सॉस डालकर मिला लें।
- अब बाउल में डालकर तुरन्त गरमा-गरम सर्व करें।

पोर्क और नूडल सूप

सामग्री- **समय- 16 मिनट माइक्रो**

पोर्क लायन कतरे हुए	1 कप	चायनीज सूखे मशरूम	4
ताजे मशरूम	8	कार्न फ्लोर	1 बड़ा चम्मच
तेल	3 बड़े चम्मच	हरी प्याज	2
नमक	स्वादानुसार	नूडल्स उबला हुआ	2 कप
शेरी (वाइन)	1 बड़ा चम्मच	चीनी	1 छोटा चम्मच
सोया सॉस	1 बड़ा चम्मच	वैम्बूशूटस	1 कप
चिकन स्टॉक	3 कप		

विधि-

- एक कप पानी हाई मोड पर 1 मिनट के लिए रखें और चायनीज मशरूम 30 मिनट के लिए भिगो दें।
- पोर्क/सोया सॉस, शेरी, चीनी और कार्नफ्लोर बाउल में अच्छी तरह मिलाकर 30 मिनट छोड़ दें।
- मशरूम और पानी अलग-अलग कर लें।
- हरी प्याज और डण्ठल हटा कर मशरूम काट लें।
- एक माइक्रो सुरक्षित बाउल में 1 मिनट हाई मोड पर 1 बड़े चम्मच तेल डालकर 1 मिनट हाई मोड पर रखें। कतरे हुए पोर्क डालकर अच्छी तरह मिला लें। 5 मिनट हाई मोड पर माइक्रो करें। बीच में एक बार चला लें।
- दूसरे बाउल में बचा हुआ तेल, हरी प्याज, मशरूम और वैम्बूशूट्स को अच्छी तरह चलायें। 2 मिनट हाई मोड पर बिना ढके पकायें व नमक मिलायें।
- मशरूम के पानी में पोर्क मिलायें।
- उबले नूडल्स को 2 मिनट ढक कर रिहीट करें।
- स्टॉक को हाई मोड पर 5 मिनट ढक कर गरम करें।
- अब गरम स्टॉक में नूडल्स, पोर्क और मशरूम मिक्सचर डालकर गरमा-गरम सर्व करें और जायके दार सूप के लिए वाह-वाही लूटें।

❖❖❖

चायनीज मुख्य भोजन

मोमोज

सामग्री- **समय- 6 मिनट माइक्रो**

मैदा	100 *ग्राम*	*अण्डे की जर्दी*	1
वेज/नानवेज फिलिंग	1 *कप*	*तेल*	1 *छोटा चम्मच*
नमक	*स्वादानुसार*		

विधि-

- *मैदा, तेल, अण्डे की जर्दी और नमक मिलाकर गूँथ लें और फेंटकर रखें तथा 2 घण्टे बाद प्रयोग में लायें।*
- *गूँथे हुए मैदे को 3 भागों में बाँट कर पतले चौकोर आकार में बेल लें और चार हिस्सों में बाँट लें।*
- *एक छोटा चम्मच फिलिंग भरकर चारों कोने सावधानी से घुमाकर सील कर मोड़ लें। इसी तरह सभी टुकड़ों में फिलिंग भर कर सील कर लें।*
- *स्टीमिंग बास्केट में ¼ कप पानी नीचे डाल कर 6 मिनट के लिए पकायें।*
- *5 मिनट डिश को यूँही छोड़ दें।*

- *अब गरम या सामान्य स्जेचुअन सॉस/टमाटर सॉस के साथ परोसें। साथ में वेज/नानवेज सूप हो, तो क्या बात है।*

विविधता के लिए-

- *यदि आप मोमोज को अण्डे के बिना बनाना चाहते हैं, तो 200 ग्राम मैदा, 1 चुटकी बेकिंग पाउडर और नमक डालकर पानी के साथ गूँथ लें और रात भर नरम सूती कपड़े में लपेट कर छोड़ दें तथा वेज फिलिंग के साथ इसी विधि से बनायें।*

मंचूरियन सॉस में वेज कोफ्ते

सामग्री- **समय- 16 मिनट माइक्रो**

प्याज बारीक कटे हुए	1	*लहसुन बारीक कटा हुआ*	1 बड़ा चम्मच
सिरका	½ कप	*तेल*	2 बड़े चम्मच
अदरक महीन कटा हुआ	1 बड़ा चम्मच	*चीनी*	2 छोटे चम्मच
हरी मिर्च कटी हुई	2	*सोय सॉस*	3 बड़े चम्मच
चिली पाउडर	2 छोटे चम्मच	*मिर्च पाउडर*	स्वादानुसार
अजीनोमोटो	1 चुटकी	*कार्न फ्लोर*	¼ कप
नमक	स्वादानुसार		

विधि मंचूरियन सॉस-

- *माइक्रो सुरक्षित बाउल में हाई मोड पर 1 मिनट तेल गरम करें।*
- *कटी हुई टमाटर, अदरक, लहसुन, हरी मिर्च डालें और हाई मोड पर ही 2 मिनट पका लें, बीच में मिला लें।*
- *पानी, सिरका, टमाटर सॉस और चिली सॉस, नमक, मिर्च, लाल मिर्च पाउडर, चीनी और अजीनो मोटो बाउल में डालें और 6 मिनट हाई मोड पर बिना ढके पकायें। बीच में चलायें।*
- *½ कप पानी में कार्न फ्लोर मिला लें। सॉस में डाल दें और अच्छी तरह मिलाकर 3 मिनट हाई मोड पर रखें। बाहर निकाल कर नमक देख लें और ढक कर रखें।*

वेज कोफ्ते के लिए

सामग्री- **समय-**

महीन कटी हुई गोभी	½ कप	*महीन कटी हुई गाजर*	¼ कप
शिमला मिर्च कटी हुई	¼ कप	*मैदा*	2 बड़े चम्मच
कार्नफ्लोर	2 बड़े चम्मच	*पत्ता गोभी*	¼ कप
हरी प्याज	¼ कप	*काली मिर्च पाउडर*	1 छोटा चम्मच
सोया सॉस	¼ छोटा चम्मच	*चिली सॉस*	¼ छोटा चम्मच
नमक	स्वादानुसार		

विधि-

- कोफ्ते की सारी सामग्री को मिलाकर नींबू के आकार के गोले बनाकर स्टीम बास्केट में नीचे पानी डालकर माइक्रोवेव में रखें। 4 मिनट हाई मोड पर पका लें। 5 मिनट वैसे ही छोड़ दें।
- दूसरे बाउल में 2 बड़े चम्मच तेल गरम करें। 1 मिनट हाई मोड पर गरम करें। पकी हुई बॉल/कोफ्ते उनमें डाल दें। फिर मंचूरियन सॉस उसमें डाल दें।
- अब चायनीज फ्राइड राइस अथवा नूडल्स के साथ जायकेदार मंचूरियन सॉस में कोफ्ते सर्व करें और घर, परिवार व मेहमानों को खुश करें।
- विविधता के लिए चिकन मटन और झींगा आदि भी इस मंचूरियन सॉस में डाले जा सकते हैं।
- वेज की जगह पके मटन चिकन के कोफ्ते भी इस मंचूरियन सॉस में डाले जा सकते हैं।

चायनीज हल्के फ्राइड नूडल्स

सामग्री- **समय- 10 मिनट माइक्रो**

उबले हुए नूडल्स	200 ग्राम	शिमला मिर्च (छोटे टुकड़ों में)	½ कप
पत्ता गोभी कतरे हुए	½ कप	टमाटर सॉस	¼ कप
तेल	3 बड़े चम्मच	कतरे हुए गाजर	½ कप
फ्रेंच बींस लम्बी कटी हुई	½ कप	मिर्च लहसुन सॉस	1 बड़ा चम्मच
सोय सॉस	1 बड़ा चम्मच	टेस्टमेकर क्यूब	1

विधि-

- बड़े माइक्रोवेव में 2 मिनट के लिए तेल गरम करें।
- कटी हुई सब्जियाँ उसमें मिलायें और ढक कर 3 मिनट के लिए हाई मोड पर रखें। बीच में एक बार चला लें।
- चिली गारलिक और टोमैटो सॉस डालकर चलायें तथा टेस्टमेकर क्यूब का पाउडर बना कर छिड़क दें।
- उबली हुई नूडल्स को सब्जियों के साथ मिलाएँ, फिर सोया सॉस मिलाकर चला लें।
- 2 बड़े चम्मच पानी डालें, ढक्कन बन्द करें और 5 मिनट के लिए नूडल्स को री-हीट करें।
- अब सफेद सिरके में कटी हुई हरी मिर्च, टोमैटो चिली सॉस और सोया सॉस अलग-अलग साथ रखें एवं किसी भी चायनीज नानवेज डिश के साथ परोसें।

विविधता के लिए-

- पके हुए बारीक कतरे हुए चिकन और झींगे को सब्जियों के साथ डाल कर अथवा अलग डालकर बनाये जा सकते हैं।
- इसी तरह एग नूडल्स भी बनाये जा सकते हैं।

चायनीज खट्टी-मीठी सब्ज़ी

सामग्री- **समय- 15 मिनट माइक्रो**

सफेद सिरका	1 कप	अदरक पेस्ट	2 छोटे चम्मच
लाल मिर्च पाउडर	1 बड़ा चम्मच	टमाटर	1 बड़ा
कार्न फ्लोर	2 बड़े चम्मच	अजीनोमोटो	1 चुटकी
गोभी के छोटे फूल	1 कप	मशरूम दो फाँकों में कटे हुए	½ कप
टोमैटो सॉस	½ या ¾ कप	चीनी	¼ कप
प्याज	1	मिर्च तेल	2 बड़े चम्मच
पानी	1½ कप	नमक	1 बड़ा चम्मच
शिमला मिर्च कटी हुई	½ कप	बींस कटी हुई	¼ कप
अण्डे की सफेदी	1		

विधि-

- प्याज और टमाटर 1 इंच के टुकड़ों में कर लें।
- माइक्रो सुरक्षित बाउल में तेल को हाई मोड पर पकायें। सिरका, 1 कप पानी, टमाटर सॉस, लाल मिर्च पाउडर, चीनी, नमक और अजीनोमोटो मिलाकर 6-7 मिनट हाई मोड पर रखें और चलायें।
- कार्नफ्लोर ½ कप पानी में घोल लें और उबले हुए सॉस में डालकर चलायें। 3 मिनट पकने दें और एक बार फिर चलायें।
- अण्डे की सफेदी कस के फेंटे और सॉस में मिला दें। बाउल को बाहर निकालें। कटे हुए टमाटर व शिमला मिर्च डालें और ढक कर रख दें।
- कटी हुई सब्जियों को स्टीमिंग बास्केट में रखें। 3 मिनट हाई मोड पर स्टीम करें। 3 मिनट वैसे ही छोड़ दें। उबली हुई सब्जियाँ उसमें मिला दें।
- अब गरम, फ्राइड राइस और नूडल्स के साथ सर्व करें।

विविधता के लिए-

- चिकन/झींगा/पोर्क या मटन इस सॉस में मिलाकर स्वादिष्ट नॉनवेज डिश इस विधि से तैयार कर सकते हैं। जैसे- 250 ग्राम बोनलेस मीट को छोटे पतले स्लाइस में काटकर सिरके, अजीनो मोटो, नमक-मिर्च और लाल मिर्च एवं सरसों पाउडर मिलाकर 1 बड़े चम्मच तेल डालकर मिलायें और 2 घण्टे के लिए मेरिनेशन के लिए रख दें। पानी और मटन अलग-अलग कर लें। 1½ का मैदा और नमक छिड़कें तथा थोड़ा-थोड़ा चिली सॉस, टोमैटो सॉस मिलाकर माइक्रो सुरक्षित बाउल में डालें और 6-8 मिनट हाई मोड पर रखें। मेरिनेड का बचा पानी मटन में मिलाकर इस सॉस में डाल दें। चाहें तो सब्जियाँ भी डाल दें। ढक कर 2 मिनट हाई मोड पर रखें और गरमा-गरम ही परोसें।

नोट- चिकन और झींगा जल्दी पक जाता है, इसलिए मटन पकाने और महीन काटने की आवश्यकता नहीं है।

चायनीज फ्राइड राइस

सामग्री- **समय- 1 मिनट माइक्रो**

चावल उबले हुए	2 *कप*	*अण्डे*	3
प्याज (कटा हुआ)	1	*नमक*	1 छोटा चम्मच
कटी हुई उबली वेजिटेबल	2 *कप*	*तेल*	3 *बड़े चम्मच*
सोया सॉस	1 *बड़ा चम्मच*		

विधि-

- *एक बड़े माइक्रो सुरक्षित बाउल में* 1 *मिनट के लिए हाई मोड पर तेल गरम करें और कटी हुई प्याज डालकर* 1 *मिनट पकायें।*
- *फेंटे हुए अण्डे और ½ छोटा चम्मच नमक तथा तेल डालें और* 2 *मिनट मीडियम मोड पर मिलाकर चलायें।*
- *उबली हुई सब्जियाँ और अण्डे का मिक्सचर मिलायें और मीडियम मोड पर* 2 *मिनट रखें तथा बीच में चलायें।*
- *चावल और नमक मिलायें सोया सॉस छिड़के और हल्के से चलायें।* 2 *बड़े चम्मच पानी/स्टॉक छिड़कें। डिश को ढक दें,* 5 *मिनट री-हीट मोड पर रखें कि चावल गरम रहे।*
- *अब किसी चायनीज डिश के साथ गरम फ्राइड राइस परोसें।*

विविधता के लिए-

- *सब्जियों के बजाय आप कतरे हुए चिकन, झींगे के टुकड़े भी डाल सकते हैं।*
- *उबले चावल बनाने के लिए* 1 *कप चावल,* 5 *कप पानी में* 15 *मिनट हाई मोड पर उबाल लें, तुरन्त छन्नी से छान कर सादे पानी से धोकर छान लें और* 2 *घण्टे फ्रिज में रख दें। फ्राइड राइस और भी अच्छे बनेंगे।*

चिली चिकन

सामग्री- **समय- 15 मिनट माइक्रो**

बोनलेस चिकन	1 *ब्रेस्ट*	*सोया सॉस*	1 *छोटा चम्मच*
नमक	1 *छोटा चम्मच*	*टोमैटो सॉस*	1 *बड़ा चम्मच*
लहसुन महीन कटा हुआ	1 *बड़ा चम्मच*	*शिमला मिर्च छल्ले*	1 *मिर्च*
चिकन स्टॉक	1½ *कप*	*चिली सॉस*	1 *छोटा चम्मच*
वोरसेस्टरशाइर सॉस	1 *छोटा चम्मच*	*सिरका*	2 *बड़े चम्मच*
कार्न फ्लोर	3 *बड़े चम्मच*	*अजीनोमोटो*	1 *चुटकी*
तेल	3 *बड़े चम्मच*		

विधि-

- *चिकन को* 1 *इंच के छोटे टुकड़ों में काट लें।*

- *सिरका, चिली सॉस, सोया सॉस, नमक, अजीनोमोटो और वोरसेस्टरशाइर सॉस मिलाकर चिकन टुकड़ों के मेरिनेट कर 2 घण्टे के लिए रख दें।*
- *छान कर उसका पानी अलग रख लें।*
- *2 बड़े चम्मच कार्न फ्लोर टुकड़ों पर छिड़कें और अच्छी तरह मिला लें।*
- *चिकन टुकड़ों को एक छिछली माइक्रो सुरक्षित डिश में रखें। तेल उड़ेल कर उनको अच्छी तरह हाथों से मिलायें।*
- *4 मिनट बिना ढके हाई मोड पर रखें। बीच में एक बार चला लें।*
- *ढक कर 3 मिनट छोड़ दें।*
- *दूसरे बाउल में तेल डालकर कटा हुआ लहसुन, शिमला मिर्च के छल्ले अच्छी तरह मिलायें और हाई मोड पर बिना ढके 2 मिनट पकायें। शिमला मिर्च निकालकर सजावट के लिए रख लें।*
- *उसी बाउल में एक कप स्टॉक, चिकन मेरिनेट का पानी, टोमैटो सॉस व चिली गारलिक सॉस 3 मिनट हाई मोड पर पकायें। 2 मिनट बाद अवश्य चला लें।*
- *कार्नफ्लोर ½ कप स्टॉक के साथ मिलायें और गरम सॉस में मिलायें तथा एक मिनट हाई मोड पर पका लें।*
- *नमक-मिर्च स्वादानुसार देख लें। इस सॉस को चिकन के ऊपर डालकर चला लें। ढकें और 6 मिनट हाई मोड पर पका लें।*
- *अब शिमला मिर्च के छल्लों से सजाकर चावल अथवा नूडल्स के साथ टेबल पर सजायें।*

चिकन मशरूम वाली नूडल्स ग्रेवी

सामग्री- **समय- 24 मिनट माइक्रो**

चिकन ब्रेस्ट	*1 पूरा*	*नूडल्स*	*200 ग्राम*
तेल	*2 बड़े चम्मच*	*नमक*	*1 छोटा चम्मच*
चिकन स्टॉक (पतला)	*1½ कप*	*मक्खन*	*1 बड़ा चम्मच*
नींबू के छिलके	*1 छोटा चम्मच*	*काली मिर्च*	*1 छोटा चम्मच*
सिरका	*1 बड़ा चम्मच*	*मशरूम*	*200 ग्राम*
कार्नफ्लोर	*1 बड़ा चम्मच*	*कटा हैम*	*2 बड़े चम्मच*
खट्टा-मीठा सॉस	*1 कप*	*पार्सले*	*1 बड़ा चम्मच*

विधि-

- *चिकन ब्रेस्ट की पतली पट्टियाँ काट लें और सिरके व नमक मिर्च में 30 मिनट के लिए मेरिनेट कर रख दें।*
- *मशरूम धो कर काट लें।*
- *4 कप पानी हाई मोड पर 8 मिनट उबाल लें और तैयार नूडल्स को डालें।*
- *एक छोटा चम्मच नमक, 1 बड़ा चम्मच तेल डालकर 5 मिनट हाई मोड पर पकायें और तुरन्त पानी निकाल दें। नल के पानी में रख, छानकर वापस ढक कर रख दें।*

- तेल 1 मिनट हाई मोड पर गरम कर मेरिनेट चिकन के टुकड़े, नींबू के छिलके और डालकर 1 मिनट हाई मोड पर पकायें।
- चिकन का पतला स्टॉक और चिकन का मसाले वाला पानी डालकर 5 मिनट हाई मोड पर पकायें। बीच में 3 मिनट बाद चला लें।
- मक्खन गरम करें, शेष स्टॉक, मशरूम, खट्टा-मीठा सॉस, कार्नफ्लोर ¼ कप पानी में मिलाकर 3 मिनट हाई मोड पर रखें और एक बार चलायें।
- उबले नूडल्स डालकर ढक दें और 3 मिनट के लिए री-हीट मोड पर रखें।
- अब पके हुए चिकन को नूडल्स पर बराबर फैला दें और पार्सले व हैम छिड़कर तुरन्त सर्व करें तथा खुद भी स्वाद का आनन्द लें।

अनन्नास के साथ पकी चायनीज फिश

सामग्री- **समय- 19 मिनट माइक्रो**

काँटे रहित मछली के टुकड़े	400 ग्राम	चीनी	2 बड़े चम्मच
सोया सॉस	1 बड़े चम्मच	अनन्नास का रस	¾ कप
अजीनोमोटो	1 चुटकी	मिर्च तेल	3 बड़ा चम्मच
काली मिर्च पाउडर	1 छोटा चम्मच	कार्न फ्लोर	¼ कप
सिरका	1 बड़ा चम्मच	अदरक कटी हुई	2 छोटा चम्मच
अनन्नास कटे हुए	1 कप	पानी	1½ कप
कार्नफ्लोर	1 बड़ा चम्मच	बादाम भुने हुए	6-8

विधि-

- फिश में 2 बड़े चम्मच मिर्च तेल मिलायें और ¼ कप कार्नफ्लोर, नमक व मिर्च से मेरिनेट करके 30 मिनट के लिए रख दें।
- माइक्रोवेव में ग्रिल ऑन करें और उसके अन्दर फिश 10 मिनट के लिए रख दें। 5 मिनट बाद उलट-पलट लें।
- एक दूसरे माइक्रो सुरक्षित बाउल में चीनी रखकर हाई मोड पर एक मिनट के लिए रखें।
- चीनी, सोया सॉस, सिरका, अदरक, अनन्नास रस, नमक, पानी एक बड़ा चम्मच कार्न फ्लोर और बचा हुआ तेल अच्छी तरह मिला लें। हाई मोड पर 4 मिनट माइक्रो करें और बीच में चला लें।
- ग्रिल्ड फिश अनन्नास को सॉस में डालें और 2 मिनट हाई मोड पर पकायें। 2 मिनट वैसे ही छोड़ दें।
- अनन्नास के टुकड़े डालकर 2 मिनट और री-हीट मोड पर रखें।
- अब भुने हुए बादाम के कतलों से सजाकर चावल अथवा नूडल्स के साथ गरम ही सर्व करें।

विविधता के लिए-

- फिश की जगह बोनलेस चिकन डालकर इस विधि से चायनीज़ पाइनेपल चिकन तैयार करें।

❖❖❖

चायनीज : डेजर्ट्स/स्वीट डिश/मीठे व्यंजन

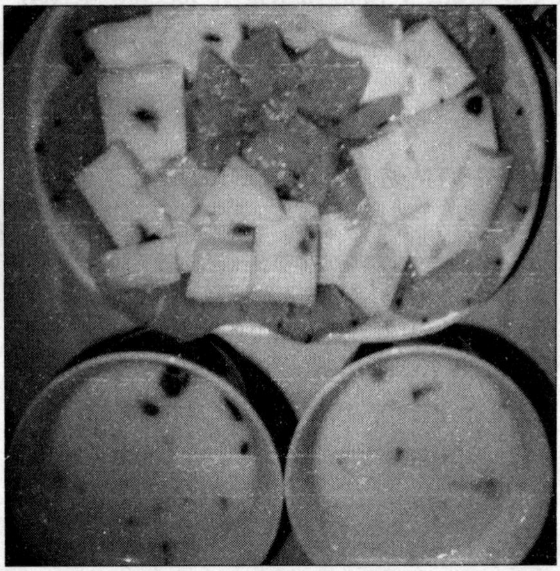

बादाम जेली

सामग्री- **समय- 10 मिनट माइक्रो**

बादाम	150 *ग्राम*	*चीनी*	2 *बड़े चम्मच*
जिलेटिन	4 *छोटे चम्मच*	*पानी*	2 *कप*
कण्डेंस्ड दूध	½ *कप*		

विधि-

- *बादाम को पानी में डाल कर हाई मोड पर 6 मिनट के लिए रखें। 5 मिनट छोड़ दें। उन्हें बाहर निकाल कर छील लें।*
- *ग्राइण्डर में 2 कप पानी के साथ उसको बारीक पीस लें। मलमल के कपड़े से छानकर उसमें चीनी मिलायें और माइक्रो सुरक्षित बाउल में 4 मिनट के लिए हाई मोड पर रखें।*
- *जिलेटिन को 3 बड़े चम्मच पानी में घोल लें। बादाम का घोल और एसेंस मिला दें।*
- *मिक्सचर को छिछली डिश में डालकर फ्रिज में सेट होने दें।*
- *अब बादाम जेली आधे-आधे इंच के चौकोर टुकड़ों में काट कर कटे हुए सेब, चीकू, अनन्नास, लीची, आम इत्यादि फलों के साथ मिक्स करके पेश करें। बच्चों को यह खूब भाता है।*

चायनीज़ अनन्नास दही/पाइन ऐपल

सामग्री- **समय- 15 मिनट माइक्रो**

चायना ग्रास या अगर	100 *ग्राम*	*चीनी*	¼ *कप*
अनन्नास टुकड़े	2 *कप*	*दूध*	500 *ग्राम*
पाइन ऐपल एसेंस	½ *छोटा चम्मच*		

विधि-

- *कटे हुए अनन्नास के टुकड़ों को फ्रिज में रख लें।*
- *दूध और चीनी को माइक्रो सुरक्षित बाउल में 3 मिनट के लिए हाई मोड पर उबालें।*
- *चायना ग्रास डालें और 10 मिनट मीडियम मोड पर उबालें। 2 मिनट बाद चलाकर गाँठे न पड़ने दें।*
- *बाहर निकालें और अनन्नास एसेंस डालें।*
- *चिकन मिक्सचर को छिछली प्लेट में अथवा अलग-अलग बाउल में डालें और ठण्ढा होकर सेट होने दें।*
- *फ्रिज में रखें और ठण्ढा होने दें।*
- *अपने मनपसन्द आकार में काटें। अथवा बाजार से मोल्ड ले लें।*
- *अब अलग-अलग बाउल में डालकर अनन्नास के टुकड़ों से सजाकर परोसें।*

❖❖❖

इटैलियन व्यंजन

पास्ता स्ला, 168

माइंस्ट्रोन सूप (Minestrone)

सामग्री- **समय- 22 मिनट माइक्रो**

स्टॉक	6 कप	गाजर चौकोर कटे हुए	1 बड़ा
प्याज बारीक कटी हुई	1	हरे मटर के दाने	½ कप
आलू	1	छिले हुए टमाटर	2
कसा हुआ चीज़	¼ कप	पार्सले कटा हुआ	½ कप
उबली मैकरोनी	1 कप	मक्खन	1 बड़ा चम्मच
पत्ता गोभी कटी हुई	½ कप	लहसुन पेस्ट	½ छोटा चम्मच
सफेद मिर्च पाउडर	2 छोटे चम्मच	नमक	स्वादानुसार

विधि-

- 2 मिनट हाई मोड पर टमाटरों को रख दें। फिर छील कर काट लें।
- मक्खन को हाई मोड पर 1 मिनट गरम करें।
- बारीक कटी हुई प्याज व लहसुन पेस्ट को मिला दें और 1 मिनट हाई मोड पर पकायें।
- दूसरी कटी हुई सारी सब्जियाँ और स्टॉक भी इसमें डाल कर ढक दें और हाई मोड पर 10 मिनट पकायें।
- मैकरोनी, नमक, मिर्च मिलायें, ढकें और 8 मिनट लो मोड पर माइक्रो करें।
- अब कटे हुए चीज़ और पार्सले से सजाकर गरमा-गरम परोसें। साथ में पतले टोस्ट हों, तो क्या बात है। इस सूप का आनन्द आप बर्गर/हाट डॉग के साथ भी ले सकते हैं।

सूप ऑफ इटैलियन मैरो (Italian Marrow)

सामग्री- **समय- 27 मिनट माइक्रो**

कौरगेट्स (पतली हरी सब्जी)	1 किलो	मक्खन	1 बड़ा चम्मच
ओरिगेनो	1 छोटा चम्मच सूखा	डोल्सेलैट चीज़	100 ग्राम
काली मिर्च कुटी हुई	2 छोटे चम्मच	ओलिव तेल	2 बड़े चम्मच
प्याज कटी हुई	1 छोटे चम्मच	स्टॉक	3 बड़े चम्मच
क्रीम	300 मिली ग्राम	नमक	स्वादानुसार

विधि-

- कौरगेट्स धो कर छील लें और कतले (स्लाइस) बना लें।
- चीज़ को कस कर एक ओर रख दें।
- ओलिव ऑयल और मक्खन 1 मिनट मीडियम मोड पर पकायें।
- कौरगेट्स, ओरिगेनो, नमक व मिर्च उसमें डालें।
- हाई मोड पर ढक कर 10 मिनट पकायें और स्टॉक कौरगेट्स के ऊपर डालें।

- *सजाने के लिए थोड़ा चीज़ छोड़कर बाकी डाल दें और 2 मिनट हाई मोड पर पकायें।*
- *ब्लेण्डर में डाल कर सब बराबर कर लें और चलनी से छान लें।*
- *2/3 हिस्सा क्रीम डालकर चलायें।*
- *री-हीट मोड पर 3 मिनट रखें।*
- *अब क्रीम डालकर चम्मच से चलायें। ताजी ओरिगेनो और चीज़ से सजाकर करारी ब्रेड के साथ गरमा-गरम सर्व करें।*

नोट- कौरगेट्स को जुक्चीनी *(zucchini)* भी कहते हैं।

पास्ता और राजमा सूप

सामग्री- **समय- 18 मिनट माइक्रो**

उबले हुए राजमा	*2 कप*	*टोमैटो प्यूरी*	*½ कप*
टमाटर छिलका रहित	1	*वेज स्टॉक*	*3 कप*
पार्सले कटी हुई	*2 बड़े चम्मच*	*मिर्च*	*2 छोटे चम्मच*
तुलसी पत्ती कटी हुई	*5-6 पत्ती*	*छोटा पास्ता उबला हुआ*	*2 कप*
शैलोट्स सॉफ	12	*लहसुन कटी हुई*	*2 बड़े चम्मच*
ओलिव ऑयल	*2 बड़े चम्मच*	*परमीजन चीज कसी हुई*	*3 बड़े चम्मच*
नमक	*स्वादानुसार*		

विधि-

- *माइक्रो सुरक्षित बाउल में तेल को एक मिनट हाई मोड पर गरम करें।*
- *शैलॉट्स और लहसुन मिलायें तथा चलाकर 2 मिनट हाई मोड पर बिना ढके पकायें।*
- *एक माइक्रो सुरक्षित बाउल में तेल को एक मिनट के लिए हाई मोड पर गरम करें।*
- *शैलॉट्स और लहसुन डालकर चलायें तथा 2 मिनट हाई मोड पर बिना ढके पकायें।*
- *पार्सले और राजमा को इसमें मिलाकर मसल लें।*
- *अब टमाटर प्यूरी और स्टॉक डालें, ढकें और 15 मिनट हाई मोड पर पकायें। 6 मिनट बाद ढक कर खोलें और उबला पास्ता, नमक, मिर्च डालें, ढकें और पका लें।*
- *2 मिनट वैसे ही रहने दें।*
- *ढक्कन खोलें और कसी हुई चीज़ व तुलसी मिलायें।*
- *अब किसी भी इटैलियन खाने के साथ परोसे।*

खट्टा-मीठा प्याज सैलेड

सामग्री- **समय- 15 मिनट माइक्रो**

बेबी ओनियन	500 ग्राम	ओलिव ऑयल	3 बड़े चम्मच
टोमैटो प्यूरी	3 बड़े चम्मच	पार्सले	2 डण्डी
काली मिर्च (ताजा कुटी हुई)	1 छोटा चम्मच	वाइन सिरका	¼ कप
कैस्टर चीनी	3 बड़े चम्मच	तेजपत्ता	1
किशमिश	¼ कप	नमक	स्वादानुसार

विधि-

- प्याज को माइक्रो सुरक्षित बाउल में रखें। वाइन विनेगर, आलिव ऑयल, चीनी, टोमैटो प्यूरी, पार्सले, किशमिश, नमक व मिर्च डालें।
- एक कप पानी डालकर 15 मिनट पकायें। पहले 5 मिनट हाई मोड पर, फिर 10 मिनट मीडियम मोड पर पकायें। तेजपत्ता और पार्सले हटा लें।
- अब इस सैलेड को सामान्य ताप में ही परोसें।

पास्ता स्ला (Slaw)

सामग्री- **समय- 22 मिनट माइक्रो**

तैयार नूडल्स/मैकरोनी	1 कप	टमाटर	1
लाल शिमला मिर्च	1	सेलरी स्टिक	2
पत्ता गोभी	8 पत्ते	मस्टर्ड सॉस (सरसों)	¼ कप
ताजा क्रीम	¼ कप	आलू	1
हरी मटर	1 कप	गाजर	2
खीरा	1 बड़ा	मशरूम	100 ग्राम
मेयोनीज	½ कप	टोमैटो सॉस	¼ कप

विधि-

- एक बड़े माइक्रो सुरक्षित बाउल में 3 कप पानी हाई मोड पर 8 मिनट पकायें। मैकरोनी डालें। एक छोटा चम्मच नमक और एक छोटा चम्मच तेल मिला लें। ढक कर 10 मिनट पका लें। 5-10 मिनट छोड़ दें। यदि नूडल्स लेते हैं, तो 5 मिनट ही लगेंगे।
- बाउल को बाहर निकाले और पानी निकाल कर ढक कर रख दें।
- छीले, धोये और आलू, गाजर को छोटे-छोटे टुकड़ों में काट लें और हाई मोड पर चार मिनट पकायें। 5 मिनट छोड़ दें। बाहर निकाल कर उन्हें मैकरोनी/नूडल्स में मिलायें।
- शिमला मिर्च और सेलेरी को पतले-पतले टुकड़ों में काट लें।

- पत्ता गोभी की हड्डी निकाल लें और महीन-महीन काट लें। ठण्ढे पानी में 30 मिनट भिगो कर रख दें। निथार कर पत्तों को फ्रिज में रख दें।
- खीरा बिना छीले काट लें और टमाटर स्लाइस बना लें।
- मशरूम को साफ कर टुकड़ों में काट लें।
- मशरूम, लाल शिमला मिर्च, सेलेरी, उबली सब्जियाँ और मैकरोनी एक बाउल में मिलायें। सारे सॉस मिलाकर दो बार उछाल-उछाल कर मिला लें। फिर फ्रिज में 30 मिनट के लिए रख दें।
- अब खीरा, टमाटर स्लाइस एक बड़े प्लेट में लगायें। इस पर पत्ता गोभी ऊपर रखें और फिर पास्ता सैलेड बीच में रखें।

❖❖❖

इटैलियन मुख्य भोजन

चीज़ सॉस में बेक्ड मैकरोनी (Macaroni)

सामग्री- **समय- 18 मिनट माइक्रो**

मैकरोनी उबली	3 कप	*गाजर कटी हुई*	½ कप
हरी मिर्च कटी हुई	1	*चीज़ कटी हुई*	¼ कप
फ्रेश हर्ब	¼ कप	*टोमैटो स्लाइस*	10-12
चीज़ सॉस	2½ कप	*हरी मटर*	½ कप
दूध	½ कप	*आरिगेनो*	1 छोटा चम्मच

विधि-

- *एक माइक्रो सुरक्षित डिश को तेल से चिकना कर लें।*
- *गाजर, मटर को स्टीमिंग बास्केट में 3 मिनट के लिए हाई मोड पर रखें।*
- *चीज़ सॉस, ऑरिगेनो और ताजी हर्ब एक साथ मिलायें और उबली मैकरोनी में मिला दें। उसमें ½ कप दूध डालकर चला लें।*
- *आधे पास्ता मिक्सचर को ग्रीस की हुई प्लेट में फैला दें। आधे टमाटर स्लाइस और मिर्च ऊपर रखकर ढक दें। बचे हुए पास्ता को फैलाकर उसे ढक दें।*

- *बचे हुए टमाटर और मिर्च की स्लाइस ऊपर रखें और कसा हुआ चीज़ उस पर छिड़क दें।*
- *काम्बिनेशन-1 मोड पर 15 मिनट के लिए बेक करें और सुनहरा होने के लिए 3 मिनट ग्रिल करें। हटायें और सर्व करें। यदि कन्वेक्शन मोड पर करना चाहें, तो 30-35 मिनट करें।*
- *अब किसी भी इटैलियन या काण्टिनेण्टल मील के साथ इसका स्वाद लें। यह पूरा भोजन है, इसलिए इसके साथ रोज खाने में हल्का सूप लिया जा सकता है।*

विविधता के लिए-

- *200 ग्राम मसालेदार कीमा/मटन/चिकन कीमा को मैकरोनी में मिला दें और बेक कर लें या चीज़ सॉस में सब्जियाँ बेक करें। मैकरोनी डालकर पकी सब्जियाँ मिला लें और इस विधि से बना लें।*

तीन परत वाला पास्ता

सामग्री- **समय- 33 मिनट माइक्रो**

पास्ता	300 ग्राम	इटेलियन टोमैटो सॉस	½ कप
चीज़ कसा हुआ	½ कप	अदरक कटी हुई	2 बड़े चम्मच
मिर्च पाउडर	2 छोटे चम्मच	पालक प्यूरी	1 कप
सफेद सॉस	कप	दूध	1 कप
प्याज	1	लहसुन (कटी हुई)	1 बड़ा चम्मच
क्रीम	¼ कप		

विधि-

- *एक बड़े माइक्रो सुरक्षित बाउल में 5 कप पानी हाई मोड पर 8 मिनट उबालें। एक छोटा चम्मच नमक-तेल व पास्ता डालकर 10 मिनट हाई मोड पर रखें। पानी से निकाल लें और ठण्ढा पानी डालें तथा निथार कर 3 भागों में बाँट लें।*
- *कसा हुआ चीज़ और एक भाग पास्ता, दूध, नमक, मिर्च पाउडर और 1 बड़ा चम्मच मक्खन हल्का मिक्स करें और अलग रखें।*
- *दूसरे बाउल में एक बड़ा चम्मच मक्खन गरम करें और प्याज डालकर 2 मिनट हाई मोड पर रखें। एक छोटा चम्मच कसा हुआ अदरक, पालक प्यूरी, क्रीम और एक छोटा चम्मच मिर्च पाउडर दूसरे हिंस्से पास्ता में मिलायें।*
- *इटैलियन टोमैटो सॉस तीसरे भाग में मिलायें और अलग रख दें।*
- *चीज़ को स्लाइस के तिकोने आकार में काट लें।*
- *एक हीट प्रूफ डिश लेकर थोड़ा ग्रीस कर लें।*
- *टोमैटो सॉस वाला पास्ता पहले रखें।*
- *फिर दूध और चीज़ वाला पास्ता फिर से फैला दें।*
- *अन्त में पालक वाला पास्ता फैला दें।*

- *ऊपर चीज़ तिकोने और कसा हुआ चीज़ डालकर सजायें।*
- *टोमैटो प्यूरी काम्बिनेशन मोड पर 15 मिनट बेक करें।*
- *अब क्रीम के साथ सजा कर गरम पास्ता सर्व करें।*

विविधता के लिए-

- *लगभग तैयार नूडल्स जो मार्केट में मिलते हैं, उनकी बजाय आप मैकरोनी/स्पेगेटी भी इस्तेमाल कर सकते हैं।*

पिज्जा

सामग्री- **समय- 6 मिनट माइक्रो 10 मिनट बेकिंग**

पिज्जा बेरोज़	*4*	*शिमला मिर्च स्लाइस*	½ *कप*
ओलिव दो भाग में कटे हुए	12	*बेबी कार्न दो भागों में कटे हुए*	½ *कप*
अनन्नास कटे हुए	½ *कप*	*उबले मक्के के दाने*	½ *कप*
मशरूम स्लाइस	1 *कप*	*टमाटर की फाँकें*	1
मेजोरेला चीज़	1½ *कप*	*पिज्जा सॉस*	1½ *कप*

पिज्जा सॉस बनाने के लिए

सामग्री-

प्याज टमाटर पेस्ट	1 *कप*	*चिली गारलिक सॉस*	1 *बड़ा*
ऑरिगेनो	2 *छोटे चम्मच*	*अजवाइन*	1 *छोटा चम्मच*
शिमला मिर्च बारीक कटा हुआ	¼ *कप*	*पार्सले कटा हुआ*	2 *बड़े चम्मच*
टमाटर प्यूरी	1 *कप*	*मक्खन*	1 *छोटा चम्मच*
चीनी	1 *छोटा चम्मच*	*मिर्च पाउडर*	1 *छोटा चम्मच*
तेज पत्ता	1	*नमक*	*स्वादानुसार*

विधि-

- *मक्खन को माइक्रो सुरक्षित बाउल में 1 मिनट हाई मोड पर फैला दें। उसमें अज़वाइन डालकर 1 मिनट हाई मोड पर रखें। हटा कर कटी हुई शिमला मिर्च 1 मिनट हाई मोड पर पकायें।*
- *पार्सले को छोड़ कर पिज्जा सॉस में सारे मसाले डाल लें। अच्छी तरह मिलायें और ढक दें। 3 मिनट हाई मोड पर रखें। तेज पत्ता बाहर निकाल लें और कटी हुई पार्सले बुरक दें।*
- *कन्वेक्शन मोड पर प्रीहीट करें।*
- *पिज्जा बेस पर पिज्जा सॉस फैला दें। कुछ चीज़, कटी हुई सब्जियाँ, मीट के छोटे टुकड़े बराबर से सजा दें और ऊपर कसा हुआ चीज़ डाल दें तथा चारों तरफ से ढक दें।*
- *एक-एक कर पिज्जा 10 मिनट के लिए बेक कर लें।*

- *अब फाँके काट लें, गरम ही परोसें। साथ में मस्टर्ड सॉस व टोमैटो सॉस रखें।*
- *इटैलियन सूप अथवा सैलेड के साथ पिज्जा गरम ही सर्व करें।*

नोट- यदि कन्वेक्शन मोड नहीं है, तो पिज्जा को पहले एक तरफ क्रिस्प कर लें। 2-3 मिनट फिर टापिंग सॉस इत्यादि लगायें।

- *पिज्जा गरम करने के लिए माइक्रो में हाई मोड पर 7½ मिनट के लिए पेपर प्लेट नीचे बिछा कर गरम करें।*

पोलेण्टा (Polenta)

सामग्री- **समय- 18 मिनट माइक्रो**

मक्के का आटा	1 *कप*	*इटेलियन हर्ब/ऑरिगेनो*	2 *छोटे चम्मच*
कसी हुई चीज़	½ *कप*	*टोमैटो सॉस*	
पानी	4 *कप*	*नमक*	1 *छोटा चम्मच*
मक्खन	2 *बड़े चम्मच*		

विधि-

- *मक्के का आटा और नमक एक साथ मिला लें।*
- *8 मिनट हाई मोड पर माइक्रो सुरक्षित बाउल में बचा हुआ पानी उबालें।*
- *धीरे-धीरे मक्के का आटा उसमें मिला दें।*
- *इटेलियन हर्ब और मक्खन अच्छी तरह मिलायें।*
- *5 मिनट हाई मोड पर बिना ढके पकायें। एक बार अच्छी तरह चलायें। फिर ढक कर 5 मिनट हाई मोड पर रखें।*
- *अब सॉस के साथ गरमा-गरम स्वादिष्ट पोलेण्टा परोसें।*

विविधता के लिए-

- *कसे हुए चीज़ को मिक्सचर में मिलायें और ग्रीस की गयी प्लेट में डालकर थोड़ा चीज़ रख दें और ओवन में साधारण ताप पर बेक करें।*
- *ग्रीस की हुई लोफ टिन में डालकर ढकें और कड़ा होने तक ढक कर ठण्ढा होने दें। छोटी स्लाइस में काटकर सॉस के साथ परोसें।*
- *पोलेन्टा को ½ इंच के स्लाइस में काट कर मक्के का आटा लगायें और दोनों ओर सेक लें। सॉस/शहद/मक्का सिरप या मैपल सिरप के साथ खाने को दें। यह एक नाशते का व्यंजन है। अमेरिका में इसे कार्नमश या सॉटेड कार्न* (Sauted corn mush) *कहा जाता है।*

रेविओली (Ravioli)

सामग्री- **समय- 22 मिनट माइक्रो**

मैदा	100 *ग्राम*	*अण्डे की जर्दी*	1
ओलिव ऑयल	1 *छोटा चम्मच*	*नमक*	*चुटकी भर*
वेज/नानवेज फिलिंग	1 *कप*	*प्याज कटी हुई*	½ *कप*
ताजा क्रीम	1 *कप*	*चीज़ कसा हुआ*	½ *कप*
ओलिव ऑयल	2 *छोटा चम्मच*	*लहसुन कटा हुआ*	2 *बड़े चम्मच*
लाल मिर्च पाउडर	1 *छोटा चम्मच*	*इटेलियन हर्ब*	½ *छोटा चम्मच*

विधि-

- *मैदा, तेल अण्डे की जर्दी व नमक मिलाकर गूँथ लें। ढक कर 2 घण्टे रख दें। 2 भागों में बाँट लें।*
- *पतली रोटी जैसी बेल लें। 1½ इंच की दूरी से फिलिंग बिछा लें और दूसरी रोटी बेलकर उसके ऊपर रख दें।*
- *चौकोर अथवा गोल आकार में काटकर फेंटे हुए अण्डे या मैदे के घोल से सील कर दें।*
- 6 *मिनट हाई मोड पर* 3 *कप पानी उबालें और रेबिओली डालकर* 10 *मिनट पकायें, फिर हटा लें।*
- *माइक्रो सुरक्षित बाउल में* 1 *मिनट के लिए हाई मोड पर तेल गरम करें। कटे हुए प्याज, लहसुन डालकर चलायें,* 3 *मिनट बिना ढके पकायें और बीच में हटा लें।*
- *मिर्च पाउडर, इटेलियन हर्ब, कसा हुआ चीज़, लाल मिर्च पाउडर, क्रीम डालें। क्रीम सॉस में गरम रेविओली हल्के से मिलायें।*
- *छिछली प्लेट में निकाल लें, कसे हुए चीज़ को उस पर डालें और क्लिंग फिल्म से ढक लें। काँटे से एक ओर छेद कर लें।*
- *अब* 2-3 *मिनट इटेलियन डिश को री-हीट करें और किसी इटेलियन अथवा काण्टिनेण्टल भोजन के साथ परोसें।*

केन्नेलोनी रिपनी (Cannelloni Ripni)

सामग्री- **समय- 33 मिनट माइक्रो**

केन्नेलोनी पास्ता	12 *रोल*	*चीज़ कसी हुई*	2 *बड़ा चम्मच*
चीज़ सॉस	1½ *बड़ा चम्मच*		

फिलिंग के लिए-

प्याज कटी हुई	1	*हरी मटर*	¼ *कप*
पार्सले कटा हुआ	2 *बड़े चम्मच*	*ओलिव ऑयल/मक्खन*	2 *बड़े चम्मच*
काली मिर्च पाउडर	½ *छोटा चम्मच*	*गाजर*	2
मिर्च	1	*अण्डा*	1
अदरक पाउडर	1 *छोटा चम्मच*	*नमक*	*स्वादानुसार*

विधि-

- *एक माइक्रो सुरक्षित बाउल में 3 कप पानी डालकर हाई मोड पर 6 मिनट के लिए रखें और फिर 6 मिनट उसमें केन्नेलोनी पास्ता उबालें। 3 मिनट छोड़ दें।*
- *पानी से निकाल कर पास्ता को नल के नीचे रख कर छान लें और ढक कर रख दें।*
- *बारीक टुकड़ों में सभी सब्ज़ियाँ काट लें।*
- *गाजर और हरी मटर को 2 मिनट हाई मोड पर रखें।*
- *मक्खन, तेल 1 मिनट हाई मोड पर गरम करें। उसमें कटी प्याज डाल कर 2 मिनट हाई मोड पर रखें।*
- *उबली सब्जियाँ, अदरक, नमक व काली मिर्च अच्छी तरह मिला लें।*
- *अण्डा फेंटे और सब्जियों पर डालकर मिलायें, 1 मिनट हाई मोड पर रखें। पार्सले छिड़क कर अलग रख दें।*
- *एक माइक्रो सुरक्षित डिश को तेल लगा कर चिकना कर लें।*
- *केन्नेलोनी पास्ता की पट्टियों को चापिंग बोर्ड पर रख कर एक बड़े चम्मच फिलिंग डालकर रोल कर लें। इसी तरह सारी पट्टियाँ रोल कर लें।*
- *ग्रीस की हुई प्लेट में सारे रोल रख दें और चीज़ बॉक्स से ढक दें।*
- *कसा हुआ चीज़ ऊपर छिड़क दें और काम्बिनेशन मोड पर 15 मिनट के लिए बेक करें अथवा कन्वेक्शन मोड पर साधारण ताप पर 30 मिनट रखें।*
- *अब किसी भी इटैलियन खाने के साथ केन्नेलोनी रिपनी सर्व करें।*

लासाग्ना (Lasagna)

सामग्री- **समय- 26 मिनट माइक्रो**

लासाग्ना	6–8 शीट	*परमीजन चीज़ कटी हुई*	½ कप
टोमैटो मीट सॉस	3 कप	*तेल*	1 बड़ा चम्मच
चीज़ सॉस	1 चम्मच		

विधि-

- *चौकोर माइक्रो सुरक्षित डिश में 4 कप पानी 6 मिनट हाई मोड पर उबालें।*
- *उसमें लसाग्ना, पास्ता और तेल डालकर 10 मिनट हाई मोड पर उबालें। 5 मिनट छोड़ दें और पानी से निकाल कर नल के पानी में धो लें, फिर पानी निथार कर पास्ता अलग रख लें।*
- *एक माइक्रो सुरक्षित डिश में तेल लगायें और आधा मीट सॉस पूरे में फैला दें।*
- *उबले हुए पास्ता को सॉस से पूरा ढक दें।*
- *उसके ऊपर चीज़ सॉस फैला दें और कसे हुए चीज़ को बुरक दें।*
- *मीडियम मोड पर 20 मिनट पकायें अथवा साधारण ताप पर 35-40 मिनट बेक करें।*
- *अब किसी इटैलियन मील के साथ गरम सर्व करें। साथ में सैलेड और सूप रखें।*

वेजिटेरियन लसाग्ना बनाने के लिए सामग्री-

पालक प्यूरी	2 कप	टोमैटो केचप	½ कप
अदरक पेस्ट	2 छोटा चम्मच	इटैलियन हर्ब्स	1 छोटा चम्मच
कटी हुई भूरी प्याज	2 बड़े चम्मच	मक्खन	1 बड़ा चम्मच
मिर्च लहसुन	1 छोटा चम्मच	नमक व मिर्च	स्वादानुसार
क्रीम	½ कप		

- सारी सामग्री मिला लें और मीट सॉस के स्थान पर ½ कप क्रीम डाल लें। शेष समान विधि से बनायें।

बोलोग्नीज (Bolognese) सॉस में पास्ता

सामग्री- **समय- 35 मिनट माइक्रो**

पास्ता उबले हुए	3 कप	इटैलियन टोमैटो सॉस	¼ कप
कसा हुआ चीज़	¼ कप		

इटैलियन टोमैटो सॉस के लिए सामग्री-

टमाटर	1 किलो	लहसुन कुटा हुआ	1 बड़ा चम्मच
मशरूम कटा हुआ	6	लाल मिर्च पाउडर	1 छोटा चम्मच
इटैलियन हर्ब्स	1 छोटा चम्मच	ओलिव ऑयल/मक्खन	2 बड़े चम्मच
कीमा	300 ग्राम	मिर्च	1 छोटा चम्मच
लाल शिमला मिर्च फ्लेक	½ छोटा चम्मच	पानी/स्टॉक	2 कप
नमक	स्वादानुसार		

विधि-

- टमाटरों को काटकर मिक्सर में डालें और प्यूरी बना लें।
- चावल की छन्नी से छानकर बीज निकाल लें।
- एक बड़े माइक्रो सुरक्षित बाउल में मक्खन हाई मोड पर 30 सेकेण्ड के लिए गरम करें। कुटा हुआ लहसुन उसमें डालकर 1 मिनट पकायें। मोड हाई रखें। मटन कीमा डालकर 3 मिनट हाई मोड पर पकायें। बीच में चलाकर एक रस कर लें।
- एक बाउल में टोमैटो प्यूरी डालें और ऑरिगेनो को छोड़कर बाकी सभी मसाले मिलायें।
- 15 मिनट बिना ढके पकायें। 2-3 बार चला लें।
- कीमा और ओरिगेनो टोमैटो सॉस में मिलायें और ढक कर 5 मिनट हाई मोड पर पकायें। बीच में एक बार चला लें।
- इटैलियन हर्ब्स/आरिगेनो और कटी हुई पार्सले व तुलसी बुरकें।
- चौकोर माइक्रो सुरक्षित डिश में एक छोटा चम्मच तेल डालकर ग्रीस करें।
- उबला पास्ता बिछा दें। गरम टोमैटो मीट सॉस उस पर डालें और कटी हुई चीज़ छिड़क दें।

- *काम्बिनेशन-1 पर 10 मिनट पकायें। कन्वेक्शन मोड पर 30 मिनट पकायें।*
- *अब पालक अथवा मशरूम सूप के साथ अथवा किसी भी इटैलियन खाने के साथ परोसें।*

विविधता के लिए-

- *यदि कीमा की जगह सिर्फ टोमैटो सॉस में पकायें, तो आप वेजिटेबल पास्ता इसी विधि में बना सकते हैं।*

केसरी चिकन रिसोट्टो (Risotto)

सामग्री- **समय- 31 मिनट माइक्रो**

चिकन	1	*चावल*	2 *कप*
फिश बड़ी	1 *कप*	*हरी मटर*	½ *कप*
प्याज कटी हुई	1	*तेजपत्ता*	1
ओलिव ऑयल	3 *बड़े चम्मच*	*मिर्च पाउडर*	2 *छोटे चम्मच*
फ्रेंच बीन्स कटी हुई	½ *कप*	*टोमैटो प्यूरी*	½ *कप*
लहसुन कटा हुआ	3 *बड़े चम्मच*	*केसर*	1 *चुटकी*
चिकन स्टॉक	4 *कप*	*नमक*	*स्वादानुसार*

विधि-

- *चिकन धोयें और 8 टुकड़ों में काट लें।*
- *चावल 30 मिनट उबालें।*
- *तेल को माइक्रो सुरक्षित बाउल में डालें और कटी हुई प्याज तथा लहसुन मिलाकर चलायें। 2 मिनट हाई मोड पर पका लें।*
- *चिकन के टुकड़ों में अच्छी तरह तेल मिला लें। 1 मिनट हाई मोड पर ढक कर पकायें। बीच में 5 मिनट बाद चिकन पलट लें।*
- *चावल, हरी मटर, बीन्स, फिश बड़ी और केसर अच्छी तरह मिलायें। 2 मिनट बिना ढके पकायें।*
- *स्टॉक, नमक, मिर्च व तेजपत्ता डालें और ढक कर 6 मिनट हाई मोड पर, फिर 16 मिनट मीडियम मोड पर पकायें। बीच में 6 मिनट बाद चला लें। 5 मिनट के लिए छोड़ दें।*
- *अब चावल नम रहे, तभी परोस दें।*

विशेष-

- *यह जायकेदार इटैलियन पुलाव उत्तरी इटली की डिश है। इसे आप मुख्य डिश की तरह सैलेड सूप व ब्रेड के साथ खायें और मेहमानों को भी खिलायें।*

❖❖❖

इटैलियन : डेजर्ट्स/स्वीट डिश/मीठे व्यंजन

सूफले आला मिलेनोइज (लेमन सूफले)

सामग्री- **समय-**

दूध	300 *मिली लीटर*	*क्रीम*	1 *कप*
जिलेटिन	4 *कप*	*नींबू के छिलके*	3 *नींबू के*
अण्डे	3	*चीनी*	5 *बड़े चम्मच*
नींबू	2-3	*आइस क्यूब*	2 *ट्रे*

विधि-

- *मोल्ड में थोड़ा तेल लगाकर पानी से बिना अन्दर हुए धो लें और फ्रिज में रख दें।*
- *नींबू के छिलके निकाल कर अलग करें और नींबू को काट कर रस निचोड़ लें।*
- *अण्डे की जर्दी और सफेदी अलग करें।*
- *एक कप पानी 2 मिनट हाई मोड पर उबालें।*
- *जिलेटिन क्रिस्टल व 3 बड़े चम्मच पानी एक छोटे बाउल में रखें। उबलते हुए गरम पानी में वह बाउल रख दें और चलाकर एक सार कर लें।*
- *अण्डे की जर्दी, चीनी व दूध मिलायें और फेंट लें।*
- *2 मिनट हाई मोड पर पकायें। बीच में चला लें।*

- *अण्डे के कस्टर्ड को 4 मिनट मीडियम मोड पर पकायें। 2 मिनट बाद चला लें। बाहर निकालें और गरम जिलेटिन मिलायें। कस्टर्ड अच्छी तरह मिलायें और ठण्ढा होने दें।*
- *पानी डालकर एक ट्रे में कस्टर्ड बाउल ठण्ढा होने को रख दें। पानी बदलें और आइस क्यूब डालें तथा हिलाते हुए कस्टर्ड में मिलायें।*
- *अण्डे की सफेदी को कस के फेंटे और इसमें डालें।*
- *ठण्ढी मोल्ड में यह मिक्सचर डालें और फ्रीजर में 30-40 मिनट रखें। बाद में फ्रिज में रख लें।*
- *अब मक्खन वाले चाकू से इसे ठण्ढी प्लेट में निकाल लें और बची क्रीम से ढक दें। तुरन्त सर्व करें। चाहे तो टुकड़ों में काट कर सर्व कर दें।*

विविधता के लिए-

- *नींबू की जगह इसी तरह स्ट्रॉबेरी सूफले तैयार किया जा सकता है। स्ट्रॉबेरी जेली पैकेट को जिलेटिन और नींबू के छिलकों की जगह इस्तेमाल करें।*

आइसक्रीम गेट्यॉक्स (Gateaux)

सामग्री- **समय- 10 मिनट माइक्रो**

वेनिला आइसक्रीम	1 *बड़ा पैक*	*कार्नफ्लोर*	2 *बड़े चम्मच*
मक्खन	1 *बड़ा चम्मच*	*स्ट्रॉबेरीज कटी हुई*	6-8
फ्रूट केक	2 *बड़े चम्मच*	*स्ट्रॉबेरी सॉस*	1
दूध	½ *लीटर*	*चीनी*	2 *बड़े चम्मच*
वेनिला एसेंस	½ *छोटा चम्मच*	*मिले-जुले मेवे बारीक कटे हुए*	¼ *कप*
कैण्डीड पील्स बारीक कटी	2 *बड़े चम्मच*		

विधि-

- *आयताकार डिश को 30 मिनट ठण्ढा कर लें।*
- *दूध 400 मिली लीटर और चीनी एक माइक्रो सुरक्षित बाउल में 6 मिनट हाई मोड पर उबालें।*
- *कार्नफ्लोर 100 ग्राम दूध में मिलायें और उबलते दूध में डालकर एकसार कर लें।*
- *4 मिनट बिना ढके पकायें। 2 मिनट बाद बीच में चला लें।*
- *कटे हुए सूखे मेवे और केण्डीड पील्स डाल दें।*
- *वेनिला एसेंस, कटी स्ट्रॉबेरीज डालकर चलायें और ठण्ढा कर लें। फिर फ्रिज में रख दें।*
- *आइसक्रीम बाहर निकालें और ठण्ढी डिश में रख लें तथा तैयार किये ठण्ढे कस्टर्ड से ढक दें और कटे मेवे छिड़क दें।*
- *अब स्ट्राबेरी सॉस के साथ मीठी ठण्ढी-ठण्ढी डिश मेहमानों को खिलाकर खुश करें और खुद भी स्वाद का मजा लें।*

❖❖❖

Cookery

₹ 160/-

₹ 150/-

₹ 125/-

₹ 125/-

₹ 125/-

₹ 125/-

₹ 96/-

www.unicornbooks.in

info@unicornbooks.in